Best wishes to
the future of
your work with
animation students

Gary Mairs

祝愿动画学生的作品拥有美好的未来！

盖瑞·梅尔斯

盖瑞·梅尔斯（Gary Mairs）

美国籍。美国加州艺术学院电影学院院长、电影导演工作坊创办人之一。在电影界有多年的创作经验。曾导演和监制电影短片《醒梦》(2007)、《说出它》(2008)、《海明威的夜晚》(2009)，担任官方纪录片《出神入化：电影剪辑的魔力》(2004)的艺术指导。在线上专业杂志包括《摄影机的低架》、《烂番茄》。发表多篇专业论文，著作有《被控对称性：詹姆斯·班宁的风景电影》。

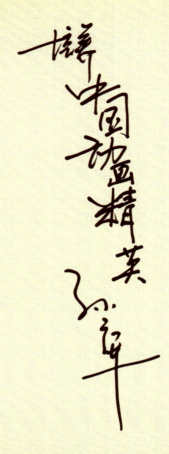

振兴中国动漫精英

孙立军

孙立军

北京电影学院动画学院院长、教授。

现任国家扶持动漫产业专家组原创组负责人、中国动画学会副会长、中国电视艺术家协会卡通艺术委员会常务理事、中国成人教育协会培训中心动漫游培训基地专家委员会主任委员、中国软件学会游戏分会副会长、中国东方文化研究会漫画分会理事长、国际动画教育联盟主席、微软亚洲研究院客座研究员、北京电影学院动画艺术研究所所长。

主要作品有：漫画《风》，动画短片《小螺号》、《好邻居》，动画系列片《三只小狐狸》、《越野赛》、《浑元》、《西西瓜瓜历险记》，动画电影《小兵张嘎》、《欢笑满屋》等。

曾担任中国中央电视台少儿频道动画片、"金童奖"、"金鹰奖"、"华表奖"、汉城国际动画电影节、2008奥运吉祥物设计、世界漫画大会"学院奖"等奖项的评委。曾获中国政府华表奖优秀动画片奖、中国电影金鸡奖最佳美术片奖提名等奖项。

with head and
hands ...
all the best to
Animation Students
Keep animating!
Robi Engler

祝愿所有学习动画的学生，用你们的
头脑和双手，创作出优秀的作品！

罗比·恩格勒

瑞士籍。1975年创办"想象动画工作室"，致力于动画电视与影院长片创作，并热衷动画教育，于欧、亚、非三洲客座教学数年。著有《动画电影工作室》一书，并被翻译成四国语言。

罗比·恩格勒（Robi Engler）

THE FUTURE OF
ANIMATION IN CHINA
IS IN THE HANDS
OF YOUNG TALENT
LIKE YOURSELVES.
TOMORROW'S LEGENDS
ARE BORN TODAY!
CHEERS,

Kevin G.

KEVIN GEIGER
WALT DISNEY
ANIMATION

中国动画的未来掌握在年轻人手中，就如同
你们自己。今天的你们必将成为明天的传奇！

凯文·盖格

美国籍。现任北京电影学院客座教授。曾担任迪斯尼动
画电影公司电脑动画以及技术总监、加州艺术学院电影学院
实验动画系副教授。在好莱坞动画和特效产业有将近15年的
技术、艺术和组织方面的经验，并担任Animation Options动
画专业咨询公司总裁、Simplistic Pictures动画制作公司得奖
动画的制片人、非营利组织"Animation Co-op"的导演。

凯文·盖格（Kevin Geiger）

电子杂志设计与配色

蒋永华　著

中国科学技术出版社
·北京·

图书在版编目（CIP）数据

电子杂志设计与配色/蒋永华著. —北京：中国科学技术出版社，2011

ISBN 978 - 7 - 5046 - 5043 - 6

Ⅰ．①电…　Ⅱ．①蒋…　Ⅲ．①电子期刊 - 设计　②电子期刊 - 配色

Ⅳ．①G255. 75

中国版本图书馆 CIP 数据核字（2011）第 062953 号

本社图书贴有防伪标志，未贴为盗版

策划编辑：肖　叶
责任编辑：胡　萍　邵　梦
封面设计：阳　光
责任校对：张林娜
责任印制：马宇晨
法律顾问：宋润君

中国科学技术出版社出版

北京市海淀区中关村南大街 16 号　邮政编码：100081

电话：010 - 62173865　传真：010 - 62179148

http://www.kjpbooks.com.cn

科学普及出版社发行部发行

北京盛通印刷股份有限公司印刷

*

开本：700 毫米×1000 毫米　1/16　印张：19.5　插页：4　字数：340 千字

2011 年 6 月第 1 版　2011 年 6 月第 1 次印刷

ISBN 978 - 7 - 5046 - 5043 - 6/G·558

印数：1 - 2000 册　定价：69.00 元

序

在现代社会，计算机技术与网络技术正以日新月异的速度影响着人们的生活，新技术的快捷性、广泛性与互动性使人们的生活习惯逐渐改变。纸质出版物在人类历史中一直占据着重要的位置，人类文化很大一部分以纸为媒介来进行传播和发展。随着计算机技术与网络技术的不断提升与应用，许多新型的数字出版物出现在人们面前。数字出版物的出现给人们的阅读带来了更多的选择。人们逐渐被新媒体多样的展现形式和网络的方便、快捷的传播特点所吸引，传统的纸质媒介阅读受到了前所未有的挑战。

现代社会已进入到一个"纸质媒介与数字出版物"并存的时代。电子杂志是近些年受到人们喜爱的一种数字出版物。与传统出版物相比，它具有很多优势，如节约制作成本、更环保、不受发行时间与地域的限制、分众发行等。近些年，电子杂志的发展速度较快，如今正处于产业的反思与不断整合当中。国外的电子杂志起步较早，电子杂志品牌与发行平台的发展较为稳定。国内也拥有著名的品牌电子杂志与发行平台，大多数以多媒体互动杂志为主。但是，技术的进步却并没有改变电子杂志以及有些新兴数字出版物设计良莠不齐的局面。新型数字出版物如果只沿用传统出版物的设计理念，是不完善的。多媒体互动杂志包含了多种媒体形式，若要关注其设计，我们既要从一本杂志的基本组成部分来考虑，也要关注其平面版面的编排设计，还要考虑视听结合的动画设计、音频设计与互动设计，以及版面的色彩搭配和配色。

全书共分为九部分。第一部分阐述了电子杂志的概述、特点、历史与现状，以及电子杂志的设计流程与设计原则。第二部分介绍了电子杂志的元素，包括开本设计、电子杂志的组成部分，以及杂志所包含的多种媒体元素的介绍与实例分析。第三部分主要分析了电子杂志设计的构成要素。第四部分主要关注电子杂志的编排设计，阐释编排设计的视觉流程，分析了感性的编排设计方法与理性的编排设计方法在版面编排中的应用，突出电子杂志设计风格化的重要性。第五部分主要关注了多媒体互动杂志的多媒体设计部分，运用实例剖析了动画设计、音频设计与互动设计的内容与设计重点。第六部分主要分析电子杂志的色彩搭配，运用了较多实例来剖析电子杂志的色彩对比方法与色彩调和方法。第七部分给出了一些配色技巧和配色方案。第八部分运用实例来分析不同类别的优秀电子杂志设计。第九部分对未来的电子杂志创新设计进行展望。

设计一本电子杂志，它的内容应该符合网民的阅读习惯。网民需要短小精悍的文章，喜欢看图片而少看文字，电子杂志的内容应该多选择有利于网络阅读的内容。也可以考虑与传统品牌杂志合作来提高杂志内容的质量，依托传统品牌杂志可以有效地提升内容质量。电子杂志的设计应该是人性化的设计。如果设计师仅仅炫耀设计技巧，而不能保证互动的方便性与阅读的流畅感，读者会逐步失去阅读的兴趣。从读者的"人性化"阅读需求出发，才能使设计最终符合目标读者群的期望，使内容顺畅地传达给读者。一些电子杂志设计可以适当突出动画、互动效果的吸引力。虽然有些品牌电子杂志无任何动画设计，仅有的互动只是阅读工具按钮，但是另一些品牌电子杂志使用了具有情境感的动画设计和互动，让我们体验到了不同的视觉冲击力和阅读趣味性。在娱乐、时尚、休闲等类别的电子杂志中加入适当的动画、互动设计，可以增加杂志的交流性和吸引力。电子杂志制作软件的技术还可以更完善，使设计师可以加入缩略图、放大镜等功能，设计出的杂志功能更为全面。随着新兴移动终端的发展，设计师还可以考虑这些新终端的数字出版。中国数字出版的发展潜力很大，数字化是出版领域中书籍、杂志、报纸等媒体的未来发展趋势，随着技术的不断提升和创新，数字出版物的相关理论将得到不断的发展与完善。

最后，感谢在本书的写作过程中给予了作者大力支持的人们。因为时间关系，本书在一些方面的分析还不够成熟，对于电子杂志设计而言，只能起"抛砖引玉"的作用。电子杂志还处于不断发展和成熟的阶段，书中的不足之处欢迎专家和读者指正，以便共同探讨与研究。

蒋永华

2011 年 4 月

目 录

 # 第一章

新兴的数字媒体出版物——电子杂志

一、数字出版物概述

数字出版物其实是我们目前熟悉的一些事物。数字出版物往往以程序、网页、Flash、PDF 或者游戏等数字形式呈现，是通过网络或光盘等数字媒介传递与销售，在用户计算机等数字设备上运行或显示的信息内容或产品。与印刷出版物相比，除文字、图片内容外，数字出版物还可以使用声音、动画、视频、影片等多媒体内容，具有许多优点。数字出版物可以将传统的出版物内容用数字的形式来呈现，也可以将互联网的信息进行出版物化，并通过互联网传播。随着新技术的不断发展，数字出版物的概念在不断完善，它的种类也随着技术的提升和创新而形成一些新的媒体形式。从广义来说，数字出版物可以包括电子书刊、数字期刊、网络广告、电子音乐等多个方面的内容，而从狭义来说，则指在互联网（包括移动互联网）中传播的电子书籍、数字期刊和互动杂志。

英国剑桥大学出版社的全球首席执行官潘仕勋先生表示，目前剑桥大学出版社约有 22% 的收入来自于数字出版。他认为，目前最大的挑战是发展一个既符合传统印刷出版，又符合数字出版的商业模式。在日本，虽然其数字出版业的总量很小，但数字出版市场在近几年的增长速度较快，从 2003 ～

2008 年的五年间，总量增长了 20 余倍，年均增长率接近 200%。日本的数字出版主要集中在漫画、小说、写真集和时尚杂志这四个领域，其中漫画出版的份额超过 80%。

近些年，数字出版一直是我国国家政策扶持的重点和方向，数字出版物的发展一直处于较快的增长趋势。国家"十一五"文化发展纲要提出，要大力发展以数字化内容、数字化生产和网络化传播为主要特征的新兴文化产业，积极发展网络文化产业。数字化内容的出版受到了国家政策的大力支持，获得了良好的发展环境。中国出版科学研究所的《2010 年中国数字出版年会年度报告》表明，截至 2009 年底，中国数字出版的总产值已经达到 799.4 亿元，相比 2008 年来说增长了 50.6%，总产值首次超过传统书报刊出版物总值。《中国出版蓝皮书》表明，在数字出版领域里面，手机出版的营业收入已超过传统的网络游戏，位居数字出版的收入首位。数字技术、信息网络技术的发展对出版业产生了很大影响，在新技术的不断提升中，数字出版的新形式正在不断完善和更新。可以看出，在目前与今后的发展时期，数字出版与传统出版将构建共同发展的格局，数字出版将具有与传统出版同样重要的地位。

数字出版已经逐渐成为出版产业的发展动力，它不断融入人们的日常生活。技术的不断创新与变革给予了数字出版物许多未知的发展可能，如 3G 网络的发展、手持终端的创新（如图 1-1）等。随着数字出版的相关法规逐步完善，市场逐渐规范，数字出版物将会获得更好的成长空间，不断得到创新和发展。

图 1-1　苹果 iPad，具有逼真的木制书架界面，可以阅读书架上的各种数字图书

二、电子杂志概述

电子杂志被称为"21 世纪的代表性数字媒体"，一般指完全依托于计算机技术、电子通讯技术和网络技术而编辑、出版和发行的杂志。电子杂志相关的叫法有网络杂志、数字杂志、数码杂志、多媒体杂志、数字互动杂志、互动杂志等，本书统称为电子杂志。电子杂志具备了平面与互联网两方面的特点，延展性较强。电子杂志目前已经发展到第三代，即多媒体互动杂志。多媒体、互动电子杂志是通过 Flash 的制作技术，将声音、图像、动画、视频等手段融为一体，在表现形式上实现了大跨步的一种数字杂志。多媒体互动杂志是国内目前主要的电子杂志形态，它拥有 Flash 动画、视频、音频、3D和超级链接等元素，采用先进的 P2P 技术发行，内容丰富而生动，具有很强的互动性和视觉冲击力。

电子杂志在前些年主要有两种形式，一种是传统印刷杂志的电子化，由于电子杂志的前景和优势，所以就补充发行印刷杂志的电子版。其电子杂志和印刷版的主要内容基本相同，只是版面设计和发行手段稍有一些不同，如图 1-2 所示的《科学美国人》电子杂志。这类印刷杂志本身拥有高质量的文

图 1-2 《科学美国人》电子杂志

章和图片内容，具有相当高的品牌度，发行电子版是数字化时代发展趋势的需求。第二种是网络信息的杂志化。一些以电子邮件形式定期发给用户的电子杂志就是属于这一类，它是从互联网中搜索、筛选信息，并编辑而成的电子杂志。这种杂志以文字和图形为主，多媒体效果很少。

这两类可以说是第三代电子杂志的前身。随着计算机网络的不断发展，Flash 软件应用于网络动画和互动的技术不断完善，前几年，国内出现了电子杂志的快速发展局面，一些企业开发出基于 Flash 技术的多媒体互动杂志的制作软件，电子杂志不再是原来的静态平面形式，而成为集多种媒体效果于一身的"富媒体"，这就是第三代电子杂志。这种电子杂志包含了多种媒体元素，通过网络出版和发行，主要利用计算机阅读。

目前的电子杂志主要有 PDF 格式的电子杂志和基于 Flash 技术的多媒体互动杂志两种。Adobe Acrobat 的 PDF 格式是国外电子杂志经常使用的文件格式。这种电子杂志可以打印出与印刷版面一样的文章，并装订成一册杂志。PDF 格式是传统印刷杂志电子化的首选格式。但是，PDF 电子杂志也有一些缺点。和传统印刷杂志一样的版面很难在计算机屏幕中整屏显示，PDF 电子杂志在整屏显示时会因为文字太小而难以辨识，如果用实际尺寸来阅读，读者就必须上下翻屏，分屏显示就破坏了原有的版式设计。另外，大部分 PDF 格式电子杂志没有超级链接，虽然用 Adobe Reader 阅读时有页面的缩略图排列在左边以供浏览，但还远远达不到自由查找文章的程度。

多媒体互动杂志是将相关文字内容和多种媒体素材经过编排，设计而成的包含文字、图像、声音、视频、动画和游戏等多种元素的电子杂志。多媒体互动杂志在计算机屏幕上展开时，其翻页效果就像一本真正的杂志在现实中被翻阅，丰富的多种媒体展示令人爱不释手（如图 1 - 3）。多媒体互动杂志是在 Web2.0 环境下诞生的新媒体。Web2.0 是前几年兴起的互联网技术，以博客、内容聚合、RSS、社会性网络、SNS 为主要表现形式，和以往的网络环境相比，它拥有很强的交互性，更具有真实性和个性化。多媒体互动杂志可以和读者进行互动，拥有超级链接，信息量非常丰富。它有多种阅读方式，可以用 IE 浏览器在线浏览，也可以下载到计算机本地离线阅读，还可以使用发行平台所提供的阅读器来阅读杂志。多媒体互动杂志不是传统杂志的简单电子版，应该属于大"电子杂志"的范畴。它不是杂志的新形态，而是杂志使用先进计算机技术和网络技术所形成的形式。目前国内的电子杂志大部分是多媒体互动杂志，这得益于杂志制作软件的不断发展和完善。多媒体互动杂志采用先进的 P2P 技术发行，通过网络和杂志订阅器被直接投递到读者的计算机中。不同的电子杂志发布平台共同搭建起了电子杂志的出版投递体系。

图 1 - 3　多媒体互动杂志《Newwebpick》

　　这两种格式的电子杂志是当今电子杂志的主流，它们的设计有一些相同的部分，也有些不同之处。PDF 电子杂志更强调传统的期刊杂志设计理论，而多媒体互动杂志则融合了更多的新设计元素，如网页元素、界面元素等，多媒体互动杂志是视听觉艺术的设计综合体，包含着动态和静态元素，所以在设计时既要考虑到静态版式的美观，运用版面的编排方式和色彩配色技巧，又要顾及动态动画、音频对于信息内容的表现力，还应对互动设计给予充分的关注和考虑。

此杂志用鼠标可以直接拖拽页角翻页，也可以点击按钮翻页。模拟真实的阅读情境，翻页效果极其生动、逼真。

三、电子杂志的特点

电子杂志主要通过互联网来发行，传播空间大、时间长

传统杂志受到地域的限制比较大，需要强有力的发行商来支持发行过程，新一期杂志出版后，读者很难寻找和购买到过期期刊。而电子杂志通过互联网来出版发行，不受国家和地域的限制。在电子杂志发行平台，同种电子杂志一般从创刊号到当期的杂志都保存着，读者很容易下载和阅读过期电子杂志，这突破了传统期刊发行的时间限制。

电子杂志的成本和价格低廉，非常环保

电子杂志不需要印刷和刊号，发行过程简便，节约了大量成本。电子杂志的成本降低使得其售价很低，甚至完全免费。目前国内大部分电子杂志是免费的，只有极少的电子杂志收费，其售价也比传统杂志低很多。随着社会的发展，绿色环保的概念越来越普及。相对于传统纸媒杂志，电子杂志非常环保，大大节约了纸张等印刷资源。

电子杂志的存储和阅读方便，信息量大，能快速查找文章

在现代，计算机已成为了人们工作、生活不可缺少的工具。计算机的硬盘空间很大，可以存放大量的电子杂志。阅读电子杂志也很方便，只需双击杂志文件就可以阅读。PDF电子杂志的检索功能可以方便、快速地查找关键词。多媒体互动杂志的信息量很大，它的超级链接使读者可以接触到大量扩展阅读的信息。其目录页的互动链接也很方便，读者可以通过点击上面的文章题目，快速地跳转到文章页，阅读所想看的文章。

电子杂志包含多种媒体形式，视觉冲击力强

电子杂志包含了文字、图片、音频、视频、Flash 动画、游戏等多种媒体形态，视觉效果非常丰富。电子杂志也包含了全新的动画形式，具有视听结合的立体空间感。读者不仅可以阅读文章、图像，还可以观看视频、动画，这种视觉效果比传统杂志更为丰富，更具有视觉冲击力。

互动性是电子杂志的发展优势

读者可以通过多媒体互动杂志的页面与主办方、编辑、广告商或者其他读者进行互动。杂志可以根据读者反馈的调查表对栏目和内容做进一步的调整。读者可以留言互动，并查看其他读者的留言。另外，读者可以选择播放不同的音乐和歌曲，或者点击链接下载手机图片铃声，这些互动模式给予了读者更广泛的阅读选择权利。

电子杂志可以选择多种阅读模式

电子杂志可以通过发行平台提供的阅读器软件打开来阅读，并以 P2P 的方式订阅与递送（如图 1-4）。也可以通过 IE 浏览器在线阅读，还可以将电子杂志的独立运行文件下载到本地计算机，再打开阅读。

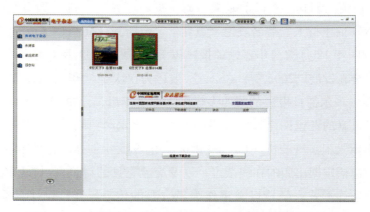

图 1-4 中国国家地理网的电子杂志阅读器与杂志递送面板

Di-yizhang Xinxing de Shuzi Meiti Chubanwu——Dianzi Zaz

电子杂志的分众性更强，有更准确的客户数据收集能力

阅读平台的分类很细，可以覆盖不同读者人群的阅读需求。电子杂志发行平台的后台程序可以迅速分析出各种需要的信息，如杂志点击率、分众读者群的比率、杂志的下载量，以及读者的阅读喜好等，这些都可以作为杂志设计和改革的参考，也能为广告投放提供有力的依据。

四、电子杂志的历史发展和现状

电子杂志的历史发展

国外电子杂志的发展

电子杂志起源于上个世纪的网络热潮中。美国是世界上发展最早、规模最大的网络电子杂志市场，如今美国 60% 的纸媒杂志都变身成为电子杂志，如美国著名电子出版业刊物《Windows Magazine》就于 1999 年 8 月终止了印刷版，另外，美国的一部分电子杂志已经发展成为比较著名的网站，如美国网络杂志《Slate》。《Slate》和《Salon》是美国电子杂志的鼻祖。1996 年，《Slate》在美国创刊。它以前是微软旗下的电子杂志，由美国有线电视新闻网（CNN）前主持人、著名政论家迈克尔·金斯利（Michael Kinsley）担任总编辑。2004 年 12 月被《华盛顿邮报》以 1500 万~2000 万美元收购，杂志由此开始了全新发展。2005 年，《Slate》被评为仅次于《华盛顿邮报》、《纽约时报》和《华尔街日报》的第四大媒体。十多年后，该电子杂志已经成为全球独家最丰富的评论网络及时政漫画网络。《Salon》则由曾任《旧金山询问报》的编辑大卫·塔波特（David Talbot）于 1995 年创办。它是出版与论坛的组合体，包括定期出版的在线杂志，以及交流意见的讨论区。Salon 没有影片文件、音乐等形式，坚持以文字作为最主要的传播媒介，设计以素雅闻名。2005 年 5 月 22~24 日，第 35 届世界期刊大会在美国纽约召开。国际期刊联

盟（FIPP）发布的有关欧美杂志业与互联网互动发展的调研报告认为，几乎所有的欧美杂志出版商都于近年实施了网络发展策略，并且开始广泛地实现赢利。如 www. forbes. com、《人物》杂志的网站 www. people. com、《体育画报》的网站 www. Sportsillustrated. com、《美好家园》的网站 www. bhg. com。

电子出版物出现以来，美国的 NewsStand、Olive 和 Zinio 三家公司相对比较早地占据了欧美市场。Zinio 公司是全球最大的电子杂志商，主要做纸媒杂志的数字化，如《商业周刊》、《个人电脑》和《科技新时代》等杂志。NewsStand 公司主要做报纸的数字化，如《纽约时报》、《今日美国》、《Die Welt》、《环球邮报》等多家报纸，还有《Barron's》、《哈佛商业评论》等著名杂志。Olive 公司主要提供报刊杂志的数字转换服务，合作者有美国的《华盛顿邮报》、加拿大的《全国邮报》和英国的《每日电讯报》等。除此之外，市场上还有许多小型的电子杂志商提供一些低成本的选择，如 Advanced Publishing 公司，以及主要服务于专业性刊物的 Qmags 公司等。根据 Zinio 公布的数据显示，美国收费电子杂志市场已经相当成熟。在 2006 年 1 月 1 日到 8 月 31 日期间，该网站共售出了 1090 万份电子杂志，每月平均订阅量和单本销量比去年同期增长 166% 以上，约有 340 万名注册用户主要从《商业周刊》、《Mac 世界》、《人车志》、《ELLE》等杂志购买数字内容。

日本也很早进入了杂志的数字化领域。1998 年，日本侨报社总编辑、华侨段跃中创办了日文版《日本侨报电子周刊》，主要报道活跃在日本的华侨华人、日中交流等内容，受到读者的喜爱和高度评价。2006 年及 2008 年，该电子杂志在玛格网站主办的人气电子杂志评选活动中，首次获得新闻类十大电子杂志提名奖和"长寿奖"，是唯一两次获奖的在日外国人电子杂志。到 2010 年 8 月 18 日，《日本侨报电子周刊》共发行了 928 期，累计文字量超过 500 万字。2004 年，melma. com 网站创办并进行电子杂志的免费发行服务，它的发行快捷方便、服务周到。短短 6 年，melma. com 已成为日本三大电子杂志发行网站之一。拥有约 6 万家电子杂志，分类齐全，有新闻、经济、教育、文化、生活等 24 个部门，每天自动更新排行榜，受到读者的好评。melma. com 2010 年 8 月 20 日的排行榜显示，《日本侨报电子周刊》首次入选新闻类电子杂志 16 佳，排名第 16 位，是唯一入选的华侨华人媒体。

Di-yizhang Xinxing de Shuzi Meiti Chubanwu——Dianzi Zazi

2007 年 6 月，日本出版业非常著名的小学馆创办了电子杂志《SooK》。小学馆正在对名下超过 7 本的生活类电子杂志进行大幅度改版，力图与苹果的 iPhone 手机实现无缝对接。2010 年被称为日本的"电子书元年"。随着 iPad 等电子书阅读器的推出以及其他产品的上市，日本读者对包含着丰富多彩的照片和动画的电子杂志更加期待。

韩国的电子杂志发展也较快。2005 年，BBC 在全球范围内对新技术最发达国家的杂志出版产业情况进行调查，他们发现韩国的杂志销售量以非常快的速度下滑，原因是在过去几年里，韩国很多纸媒杂志都停止了印刷发行，而投身于电子杂志的行列。

中国电子杂志的发展

在中国，20 世纪 90 年代就出现了传统杂志的简单数字化，这样的电子杂志就像印刷杂志扫描而成的电子版，它没有多媒体的效果，也不包含超级链接和互动行为。接着，出现了数字媒体的杂志化，一些网站将有主题的内容进行筛选整合，以杂志的形式定期发布。这类杂志是将网页上的内容进行重新编排，也包含了 Flash 动画、视频、音频等多媒体元素，是较为接近专题性的网络资料。随着时间的推移，基于网络的计算机技术逐渐被国内计算机用户认识和使用，一些新生的网络事物得到了发展，网络用户大幅度增加。电子杂志的制作技术有了历史性的突破，多媒体元素加入了电子杂志。2003 年 1 月，中国台湾的 KURO 音乐软件公司"飞行网"尝试推出以 Flash 动画为基础的数字化互动杂志《酷乐志》。这种新兴的杂志融合文字、图像、音频、视频等多种形式的媒体，内容丰富，形式精美，在网络上逐渐流行起来。不久后，该电子杂志的正式版诞生了。2003 年末，"北京飞行网"创办了多媒体互动杂志《北京酷乐志》。之后，"飞行网"却因为版权问题退出了电子杂志市场。

接下来的几年是中国电子杂志的发展初期，几家大型的电子杂志发行平台迅速崛起，如 XPLUS、ZCOM、POCO 等。2003 年，POCO 诞生了。POCO 以经营 P2P 软件为主，更看重网站整体的运营，是一个中文多媒体共享平台。2004 年，XPLUS 开始脱离飞行网，创办电子杂志平台。XPLUS 注重品牌的包装、宣传，以经营数字多媒体为主，在电子杂志的制作技术上具有很大的优势。炫酷的电子杂志表现形式与注重宣传使 XPLUS 取得成功。同年，ZCOM 电子杂志平台创办成立。ZCOM 着重做内容，极少做宣传，较注重平台本身的发展。ZCOM 注重独特的理念和优良的品质，它的免费电子杂志数量庞大，分类细致，使读者节约了在网上搜索和寻找电子杂志的时间。这是直到目前中国电子杂志史上最重要的三个品牌。2004 年 8 月，多媒体互动杂志《Me 爱美丽》开始发行，专门针对女性读者（如图 1 - 5）。《Wo 我型我诉》和《Wo! man 交友志》接着开始发行，并于 12 月合并为《Wo 男人志》。

图 1 - 5 多媒体互动杂志《me 爱美丽》受到年轻女性读者的喜欢

2005 年 1 月，POCO 创办发布了多媒体互动杂志《PocoZine》（如图 1 - 6），被称为中国地区第一本"高端、时尚、互动"的白领休闲杂志。《PocoZine》第十六期月下载量高达 690 万册。4 月，POCO 推出了创意视觉时尚多媒体互动杂志《InterPhoto 印象》（如图 1 - 7），一年后，它的单月下载量超过 350 万册。后来，电子杂志进入迅猛发展期。电子杂志的制作运用了新技术手段，观赏性和互动性达到了一个新高度，电子杂志的发行平台也引入网络营销的先进观念。2005 年被称为电子杂志的元年。这段时间先后出现了一些电子杂志发行平台，如 VIKA 、MAGBOX、IEBOOK 等。

图 1 – 6 多媒体互动杂志《PocoZine》是"高端、时尚、互动"的白领休闲杂志

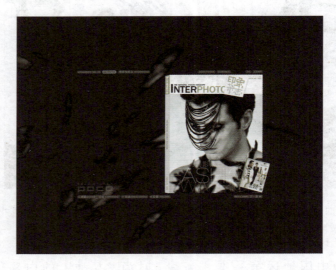

图 1 – 7 《InterPhoto 印象》是以创意视觉内容为主的时尚类多媒体互动杂志

　　2006 年是名副其实的电子杂志年。2006 年初，XPLUS 的注册用户已有 600 多万，其电子杂志《Me 爱美丽》总下载量达到 700 多万册。XPLUS 推出了电子杂志制作软件，实现了集发行、下载、派送、订阅、制作、上传功能于一体的电子杂志平台。同年，ZCOM 成为中国最大的电子杂志发行平台。ZCOM 的电子杂志平台搜罗了网络上大部分可以免费下载的电子杂志。ZCOM

制作团队开发的电子杂志制作软件 ZMAKER，是电子杂志制作的专业软件之一。9 月，ZCOM 与国内最权威的人文地理杂志《中国国家地理》共同推出了同名电子杂志，这可以说是国内首本涉及专业领域的电子杂志。这一年，瑞丽传媒推出了女性时尚电子杂志《瑞丽裳》、《瑞丽妆》、《瑞丽家》，深受广大女性读者的喜爱。同年，"酷乐互动"正式从飞行网独立出来，改为"摩得互动"。在这几年，计算机技术逐渐发展和完善，网络的服务和速度也得到很大的提升，人们更多地参与了互联网平台的建设，多媒体互动杂志制作软件技术逐渐发展成熟。国内已有几十家电子杂志发布平台网站，出版的杂志种类琳琅满目。

　　2007 年，电子杂志的发展趋向平稳。年底，已没有风险投资再进入XPLUS。ZCOM 则顺利获得了风险投资的第二次注资。2008 年，ZCOM 的电子杂志平台日趋完善，可供下载的电子杂志更加全面。同时，该网站正式开通面向杂志人的 SNS 社区"大杂院"。2009 年，中国知网成立了飞度 BOOK 杂志门户。该门户是电子读物的在线阅读平台，仿真书页的模拟样式给读者带来了更加真实的阅读享受。近两年，电子杂志处于不断反思与整合之中。电子杂志的发展也遇到了内容同质化、盈利模式不清晰的困境，几家知名电子杂志平台或转型或并购。前几年发展过快的问题被重新思考，电子杂志行业期待着稳健的发展。

　　2010 年，iebook 超级精灵推出了新版本。它首创了杂志模板破解编译器和组合模板的自由编排设计，以及多种元素的自定义功能，用户可以自由发挥各种创意，自主设计独特、个性的电子杂志。iebook 制作的在线杂志可以直接在网站在线加载阅读，同时，在线电子杂志还包含实时统计、杂志内容的搜索引擎优化、内置即时聊天工具、搜索工具条、书签涂鸦等功能。同年，百度贴吧推出电子杂志服务，首批数千个活跃贴吧已经开放了该功能。这种电子杂志除了让吧友互动分享更有兴趣，还可以方便地检索内容。电子杂志还处在不断的改革和发展过程中。数字化是新时代出版行业的发展趋势和方向，而电子杂志这一新事物也将得到不断发展和完善。电子杂志本身可以作为企业宣传和商品推广的营销工具，推动企业宣传策略的进行。电子杂志的盈利渠道将更为广泛，各种互动性功能将更加全面，版面也将更具吸引力。

电子杂志的分类

按杂志内容分类

现阶段，电子杂志在内容上涵盖了运动、旅游、汽车、生活、饮食、时尚、音乐、数码 IT、儿童教育、语言等各个方面。以 Zcom 为例，发布平台上的电子杂志分为男性热门、女性热门、时尚流行、电影音乐、商业财经、收藏鉴赏、游戏动漫、旅游地理、健康心理、烹饪美食、家居园艺、生活文化、家庭情感、母婴育儿、教育培训、笑话趣图等 44 个门类，读者分类非常细，电子杂志的涵盖面非常广。从宏观来看，电子杂志大致可以分为休闲娱乐类、商业类和人文科学类三大类别。休闲娱乐类的电子杂志是现有电子杂志的主要类型，它们可以丰富人们的业余生活，提供人们茶余饭后感兴趣的各色资讯，如《InterPhoto 印象》、《PocoZine》、《开啦》、《澜》等。商业类的电子杂志用于商业类或者企业产品、服务的宣传，如《睿翼人生》等。人文科学类的电子杂志可以满足相关的专业受众群体，如人文地理类的《中国国家地理》等。休闲、娱乐、时尚等资讯受到了很多电子杂志读者的青睐，这些内容能让人在工作之余得到放松，并丰富人们的业余生活，还有些读者对专业类电子杂志的内容也很感兴趣，这些内容往往与他们的专业或工作相关，可以了解到相关的资讯。

按内容来源分类

按照内容来源，电子杂志主要可以分为三个类别。第一类是由传统媒体创办。一些著名的传统印刷杂志为了开辟电子杂志的潜在读者，将传统纸媒杂志的相关内容制作成多媒体互动杂志，通过互联网出版和发行，如《瑞丽》的电子杂志《瑞丽裳》、《瑞丽妆》和《瑞丽家》（如图 1 – 8）。第二类是经营电子杂志的发行平台自己创办内容。电子杂志的制作完成后放到自己的平台上，或者其他平台，用户可以从平台下载杂志。如 POCO 杂志发行平台的《PocoZine》、《InterPhoto 印象》。第三类是由名人的工作室或个人原创。如徐静蕾的《开啦》、杨澜的《澜》、鲁豫的《豫约》是名人创办电子杂志的代表。还有些个人原创的电子杂志，由于其独特的视角和较出色的设计，也吸引了部分读者。

图1-8 传统纸媒时尚杂志品牌《瑞丽》创立了多媒体互动杂志《瑞丽裳》、《瑞丽妆》和《瑞丽家》，依托于原有品牌与精良内容，该系列杂志受到广大读者的欢迎

按阅读模式分类

按照读者的阅读模式，电子杂志可以分为三种类型。第一种方式是通过浏览器在线阅读。连接网络后，读者登录电子杂志网站可以直接在线阅读杂志。第二种方式是将电子杂志文件或exe格式的杂志文件直接下载到本地计算机，再打开阅读杂志。第三种方式，则先在发行平台下载杂志阅读器，在本地计算机安装后，通过阅读器来订阅、下载和阅读电子杂志。国内各家电子

杂志平台都有自己的杂志阅读器，如 Zcom 平台有 Zcom 杂志订阅器。直接下载到本地阅读和利用阅读器订阅阅读是较为常见的方式，也有少数读者采用在线阅读的方式来浏览电子杂志。

电子杂志的发布平台

电子杂志一般通过网络平台来发行，目前，国内用户量较大的电子杂志发行平台有 ZCOM、POCO、Xplus 等电子杂志平台。这些网络平台上发布的电子杂志种类众多，内容全面。欧美也有一些影响较大的电子杂志平台，如 Zinio、Texterity 等。

Zcom 电子杂志门户

Zcom（www. zcom. com）是国内著名的电子杂志门户网站。Zcom 成立于 2004 年初，不仅是中国最早的电子杂志平台开发商之一，更是新一代宽频娱乐的倡导者。Zcom 的注册用户已突破 3000 万，包括我国、北美、东南亚等地的用户，每天以数十万数量增加，它逐渐成为国内下载量最大、读者群最广的电子杂志平台（如图 1-9）。Zcom 的电子杂志的种类非常丰富，涵盖面广，可以满足不同读者的需求。Zcom 电子杂志有时尚白领女性喜欢的《瑞丽》系列，《瑞丽妆》、《瑞丽裳》、《瑞丽家》，还有时尚男士推崇的《汽车族》、

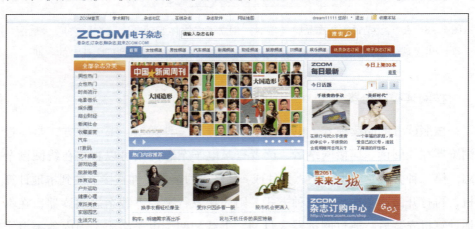

图 1-9　Zcom 电子杂志门户

《时尚健康》等。另外，还有《中国国家地理》、《销售与市场》、《电影世界》等电子杂志。2009 年，Zcom 成为集发行、阅读、下载、订阅、制作、互动社区为一体的电子杂志交互式平台。Zcom 平台基于 Web2.0，包含了完整的互动体系和方便的用户交流体系，是运用最新技术建立的新一代宽频互动媒体平台。

POCO 电子杂志发行平台

POCO（www. poco. cn）由广州数联软件技术有限公司创立，是一个适合中文环境的多媒体资源共享平台。POCO 是中国地区著名的时尚电子杂志在线阅读平台（如图1－10），平台上可以提供过万本优质品牌电子杂志，累计发行杂志超过了 5.2 亿册。POCO 的设计以人性化为中心，有免费的 POCOcall 功能，可以开放语音聊天，能方便、快捷地与好友一起分享自己的资源。支持中文软件和中文关键字搜索，能够实现多点传输。POCO 创办的品牌杂志《PocoZine》、《InterPhoto 印象》已成为中国地区电子杂志发行量最大、收入最高的著名电子杂志品牌。POCO 也和传统印刷媒体品牌共同设计、发行其同名电子杂志，如《潮流志 YOHO》、《汽车杂志》、《经理人》、《大都会》、《精品购物指南》、《南都娱乐周刊》等。现在，POCO 是一个以图片社区为主，具有美食、摄影、空间、电子杂志多项功能的娱乐网站。

图 1－10　POCO 电子杂志发行平台

Di-yizhang Xinxing de Shuzi Meiti Chubanwu——Dianzi Zazi

Xplus 喜阅网

Xplus（www. xplus. com）是新数通盛世科技（北京）有限公司创立的网站（如图 1−11）。Xplus 集合了全国主流期刊的精华杂志，其电子杂志将音频与视频集合为一体，是多媒体互动杂志的富媒体阅读体验。Xplus 的电子杂志可以在线阅读，也可以下载阅读，订阅的方式多样化。拥有十六大主题社区，读者可以方便地上传、标签、发布、分享个人杂志，也可以进行在线评论、投稿等互动。Xplus 领先开发出"网络杂志"的表现形式，运用其客户端软件，通过互联网来订阅和发行。2004 年，Xplus 推出了第一本电子杂志《风格癖》。2006 年，创立了第一份数字报纸《文汇报》。2009 年，Xplus 成为第一家全面覆盖数字电视网、互联网和无线网络的"三网融合"的数字媒体传播平台。

图 1−11　Xplus 喜阅网

龙源期刊网

龙源期刊网（www. qikan. com. cn）于 1998 年 12 月试运营，1999 年 6 月开通，是著名的中文期刊网（如图 1−12）。到 2003 年底，龙源期刊网已拥有独家签约的 800 多种著名刊物的电子版，同时代理 3000 种科技期刊的电子版和 6000 多种纸版期刊的网上订阅。龙源期刊网与中国万方数据集团、重庆维普公司、北大方正、中文在线等公司成为战略上的合作伙伴，尽力推广中文的数字化内容。龙源期刊网发行多种著名的人文电子期刊，如《新华文摘》、《青年文摘》、《大众电影》、《新闻周刊》、《三联生活周刊》、《当代》、《民主与法制》、《大众医学》等著名期刊。

图 1-12　龙源期刊网

iebook 第一门户

iebook 第一门户（www.iebook.cn）是飞天集团创立的大型企业互动营销平台，是融合互联网终端、手机移动终端和数字电视终端的综合营销网络。iebook 集电子杂志的发行、自动下载、分类、阅读、数据反馈等功能于一身，平台上现有电子杂志二十余大类，涉及时尚服装、娱乐生活、体育、动漫、IT 等各个类别的内容。iebook 电子杂志的总下载数超过 1000 万，已有注册用户近 200 万，每天约有 30 万以上的活跃用户，用户数量增长速度较快。2005年，飞天传媒正式推出 iebook 软件，是电子杂志制作的专业软件之一。

麦客网

2006 年初，麦客网（www.chinamaga.com）由杭州麦客数字网络技术有限公司成立（如图 1 – 13）。麦客网已经与全国数百家媒体形成了合作关系，设计和发行了近千种多媒体杂志，开发了百余种以城市为主题的电子杂志，力图形成国内第一个以城市为主题的数字媒体生活辐射圈。

图 1 – 13　麦客网

博享网

2006 年，博享网（www. bousun. com）创立运营。博享网是以多媒体互动杂志为核心的电子杂志发行平台，致力于 Web2. 0 时代的新媒介服务。博享网已开发设计了数字互动杂志制作系统、订阅管理系统和广告发布效果监测系统等，为企业和用户创造了一个互动共享的电子杂志平台。

盛果电子杂志

2006 年 10 月，GOGOZI（www. gogozi. com）成立。GOGOZI 是盛果科技有限公司创立的新一代电子杂志发行平台，具有分类齐全、下载快捷等优点。GOGOZI 平台发行了较多的商业电子杂志，依托于 SNGUO 的深厚技术研发力量，GOGOZI 的商业电子杂志受到了很多用户的支持和喜爱。

多媒体互动杂志的制作软件

多媒体互动杂志的制作软件是一种通过 FIash 的制作技术，将文本、图像、动画、音频、视频等元素整合为一体，使用"模版化"概念，制作多媒体互动杂志的专业制作软件。目前比较流行的制作软件有几种，如 Zcom 电子杂志平台的 ZMaker 杂志制作大师、iebook 平台的 iebook 超级精灵 2010、Xplus 发行平台的 ZineMaker 和 Poco 电子杂志平台的 PocoMaker 等。

ZMaker 杂志制作大师

ZMaker 杂志制作大师是优秀的电子杂志制作软件（如图 1－14）。设计的内容有数据统计、调查表、讨论区、读编互动、发行数字等。ZMaker 软件完全免费，没有使用次数的限制。它简单易学，初学者可以轻松做好杂志，专业设计师也可以设计出独特、精美的版面。它有大量的杂志模板，方便设计和分享。具有简洁的按钮和操作提示，即选即得的设计面板。概括来说，ZMaker 的优点有大量模板、自由操作、无限制使用、完全公开的接口等。运用该软件可以制作华丽的相册，也可以制作出色的电子杂志。

图 1－14　ZMaker 杂志制作大师

ZineMaker

　　ZineMaker 为新数通盛世科技（北京）有限公司所开发，是专业的电子杂志制作软件（如图 1－15）。ZineMaker 是专业的电子杂志（商刊、画册）制作系统，它采用国际前沿的构件化设计理念，将部分相似工序进行构件化设计。自带多套精美的 Flash 动画模版和页面特效，拥有丰富的模版库。操作简单易用，用户能够轻松制作出精美的电子杂志。ZineMaker 类似视窗系统的操作界面风格符合用户的操作习惯，使用户能够快速掌握和运用。采用了 128位高强度加密技术，能很好保护用户的 Flash 文件不被破解。生成的电子杂志文件是独立的 exe 文件，内置 Flash 播放器，直接双击就能观看。具有全新的电子杂志在线发布功能，只需要简单的几步操作，就可以将杂志发布到网上。

图 1－15　ZineMaker

iebook 超级精灵 2010

　　iebook 超级精灵是专业的电子杂志（商刊、画册）制作推广系统（如图1－16）。它领先融入互联网终端、手机移动终端和数字电视终端三维整合传播体系，采用国际前沿的构件化设计理念，将部分电子杂志的相似制作工序进行构件化设计，让用户可以重复使用，快速设计和制作电子杂志。该软件建立了构件化模版库，自带多套精美 Flash 动画模版和 Flash 页面特效，普通用户通过更改图文、视频就可以制作成电子杂志。操作简单方便，帮助用户能够轻松地制作出集视频、音频、Flash 动画、图文等多媒体效果于一体的电子杂志（商刊、画册）。iebook 超级精灵的操作界面更加符合用户的习惯，既适合专业设计师，也适合普通个人使用。可以直接生成四种传播版本，包括独立的 exe 文件与网络在线浏览版本。iebook 超级精灵 2010 采用了多项新技术，如超强破解编译系统、自定义杂志编辑尺寸技术、自定义全套皮肤更换技术、自定义杂志片头动画效果、Web 在线发布等，还有书签涂鸦记录技术、在线留言通讯系统、在线杂志统计系统、三维虚拟技术等新技术。

图 1-16　iebook 超级精灵 2010

PocoMaker

PocoMaker 又叫"魅客"，是广州数联软件技术有限公司推出的优秀软件。PocoMaker 是一款完全免费的电子杂志制作软件，可以制作电子相册、电子杂志、电子读物等多种个性的电子读物。PocoMaker 支持模板替换，可以独立浏览阅读，令人感觉绿色、完美。PocoMaker 的制作流程简单易用，制作好电子杂志后，可以将杂志发布在 MyPOCO 主页上。专业设计师也可以运用它制作出内容丰富、精彩的电子杂志。

五、设计的流程

电子杂志的定位

首先对所设计的电子杂志要有明确的定位。电子杂志有多种类别，不同的杂志有自己独特的设计理念，尽管在同一份电子杂志里会出现不同的设计风格，但都是基于这个理念的（如图1-17）。在这一阶段要对自己所设计的电子杂志的独特理念进行定位，并考虑本期杂志的主题和倾向。

图1-17 《鉴赏》的主要内容是鉴赏古玩，它定位于"鉴藏之极，赏情之致"，突出其中国古典文化设计风格

杂志的品牌与个性

新的电子杂志必须首先确定杂志的品牌理念。期刊杂志的每一期可以根据该期杂志的主题做出一些变化和新意的设计，与此同时，还要保护好电子杂志核心的价值和理念，读者在阅读新一期的电子杂志时，会惊喜地发现其中的变化，但仍然能够认出这是哪一份杂志，并有熟悉感。设计的关键就在

DIANZI ZAZHI SHEJI YU PEISE

于要有易于辨识的杂志风格，但在每一期尽量有一些设计变化。

目标读者群的需求分析

电子杂志有自己所针对的读者群或受众群。不同读者群对电子杂志版面设计、色彩配色、动画、互动、音乐的需求都不一样，针对读者群的年龄、性别、文化背景、职业背景、民族地域和个人喜好等需求因素进行调研是很有必要的，调研后可以分析相关资料，并得出目标读者群在版式设计、动画和互动设计、音频设计和色彩搭配这几部分的偏好和需求。电子杂志的设计应始终考虑到目标读者群的需求。

栏目结构设计

成熟的电子杂志都有相对较为稳定的栏目版块，而一本新的电子杂志则需要对栏目版块进行策划。针对目标读者群的需求分析结果，参考同类优秀电子杂志的栏目分布，栏目策划这部分既要符合目标读者群对于这一类电子杂志的栏目期望和需求，又要依托于杂志的独特理念，使该杂志和其他同类电子杂志区分开来。

结构设计对于电子杂志的制作流程很重要。设计者需要考虑电子杂志的总页数；每个栏目版块所包含的文章数和页数，栏目中文章的排列顺序和每篇文章的版面数；要进行动画的基本规划，哪些版面将进行动画设计，把握好杂志的整体阅读节奏；要进行交互结构的规划设计，哪些页面需要交互设计，设置哪种类型的交互，交互链接的结构是怎样的，这部分的设计是简洁而精练的；要对杂志中所使用的音频基本风格、音频个数有所规划，便于收集各类多媒体素材。

信息资料采集

品牌电子杂志一般有固定的稿源和图片来源，如果是发展成熟的品牌印刷杂志的数字版，能够保证充足而稳定的精良内容。如果要创建一本新的电子杂志,那么杂志本身需求的内容都必须很好地策划与组织,这部分内容是电子杂志能够得到读者接受的立足之本,读者群最终是否接受这本电子杂志并保持长久的忠诚度主要在于核心内容的质量和水平。除此之外,设计师还需要基于杂志本期主题风格与文章内容来寻找适合的素材,以备设计时使用。多媒体互动杂志要收集规划多种媒体内容和素材,如文章、图片、视频、动画素材、音频素材等内容。

草图设计

在设计之前必须进行版面的草图设计,这一部分不仅可以将每个版面的基本版式结构设计好,还可以用文字语言和草图勾画出动画设计的基本分镜和画面切换,并进行互动效果不同画面的草图设计。在音频部分,可用文字描绘出背景、主体动画所使用音频的风格与效果。这一部分是以规划好的栏目结构为前提,对各个版面的效果进行细化的过程。它可以使设计过程更加有序化和条理化,从整体出发,有效地把握整本电子杂志的节奏,突出杂志的关键内容页面。

版面、动画、音频、互动设计

静态版面、Flash 动画、交互设计与音频设计这几个部分要作为一个整体来考虑。这部分主要根据已设计好的版面草图,运用相关软件来实现最终效果。在设计制作的过程中,也可以根据实际情况,适当调整原有的草图设计构想,使实际的设计更符合杂志的理念或者文章的主题。一般先将平面静态版面设计出来。静态版面设计是依据设计草图,运用平面软件将版面设计制作出来。动画设计、交互设计与音频设计经常需要结合在一起,同时进行设计和制作。动画设计是运用相关的镜头技巧与画面切换技巧,主要使用 Flash软件来进行主题性动画设计。交互设计通常运用 Flash 技术与编程来完成。交互设计部分一般包括阅读工具栏交互、目录交互、用于扩展阅读的链接按钮、游戏交互和调查表提交等部分,可以基于设计好的交互链接结构来安排版面,并制作交互效果。音频设计主要是背景音乐、主题音乐及各种音效的选择、裁剪与创作。电子杂志设计好之后，设计师还会根据主编的意见或者委托方的建议进行适当的修改和调整，最终得到完整版电子杂志。

电子杂志的发布

电子杂志可由杂志发行商在 Internet 上发布，这种方式一般适用于较大的发行商。也可以通过代理商来发行电子杂志，代理商将各种类别的电子杂志整合到一个平台中，读者可以直接向代理商订阅、下载杂志，这种方式相对来说更为省时省力。

六、设计的基本原则

易读性

首先要考虑到易读性。快速、有效地传达信息内容是电子杂志设计最基本的目的。文字的规律性与色彩的协调性可以使版面条理化、理性化，有效地传递信息内容（如图 1－18）。多媒体互动杂志要注意版面上静态和动态多种媒体元素的结合，视觉与听觉元素的结合，不要设置过多的动画、视频、音频，也不要使多媒体元素之间产生冲突。多媒体互动杂志要在突出版面重点内容的同时，平抑其他次要内容的表现，突出版面的易读性。

个性化与风格化

电子杂志设计要基于杂志自身的办刊理念进行视觉设计的个性化与风格化。电子杂志不同于文章、栏目的设计风格，但都应基于杂志的基本办刊理念，使读者感觉到独特的视角与关注点。个性化与风格化设计是电子杂志获得读者群认同并持续记忆和阅读的有效方式。电子杂志设计要强化这种个性，使其理念在读者心目中留下难以磨灭的印象，培养目标读者群里的忠实读者。

图 1－18　《Bak》版面设计的易读性很强，其文字、图片信息的编排既具有条理性，又不乏感性的精彩设计

跨页编排的版面

很多电子杂志采用跨页编排的版面设计，这与电子杂志主要基于计算机屏幕来阅读的原因是分不开的。电子杂志局限于计算机屏幕而显得版面偏小，为了有效地阅读页面上的文字，使文字不至于显得过小，往往采取横向跨页编排的版面设计。

蒙太奇手法的运用

电子杂志动画设计的时长不能太长，它的最终目的是为信息内容的传递服务。好的动画设计可以引导读者阅读，更好地表现版面文章主题。在电子杂志中，有效地运用蒙太奇手法可以使动画设计的主题性更明确、情景感更强、表现力更丰富。蒙太奇手法不仅运用于电影、电视的拍摄，还可以被Flash 技术支持下的动画设计所借鉴。传统的推、拉、摇、移等运镜手法和镜头切换技巧，对于 Flash 动画的主题表现、情境故事营造具有较大的作用。对电子杂志的主题动画进行分镜设计，能有效地突出动画中的重点内容，避免版面产生混乱感和无序感。

空间立体感的营造

除了图像和文字，电子杂志还可以运用动画、视频与音频来营造较为真实的空间感和立体感（如图1–19）。动画、视频的运用使版面拥有了立体空间，趣味感大大加强，视觉冲击力也得到提升。声音的运用使视听相结合，版面的立体空间因此更具有真实感和现实感，对文章主题而言，声音使版面拥有了更深层次的表现力。

图1–19 《InterPhoto 印象》第64期"读城：布拉格 魔幻浪漫的世纪时光"一文版面，运用动画设计与音乐，该版面形成了更具真实感与现实感的布拉格城市空间，版面更具主动性与趣味性

第二章

电子杂志设计的元素

一、受屏幕制约的开本

开本是电子杂志基本的外在形态,包括杂志的面积、大小,方形或者长形。确定了电子杂志的开本后,才能根据开本的形状确定版心,设计封面、封底和其他页面。受杂志制作软件的限制,现在的电子杂志开本只能是各种尺寸的方形或长形,而没有异形开本。由于电子杂志目前以计算机屏幕阅读为主,屏幕的分辨率就成为杂志开本首要考虑的因素。电子杂志的开本应顾及大部分读者的计算机屏幕尺寸和分辨率,以方便读者阅读。开本不能太小,过小的开本使版面设计更加局促,读者阅读起来有些费劲;也不能一味追求过大的开本,一些使用较小分辨率屏幕的读者将会看不到完整的杂志页面,或者阅读工具栏在屏幕之外了。多媒体互动杂志的四周要放置阅读工具栏,这一部分是电子杂志软件设定不能缺少的部分,所以,多媒体互动杂志的开本应比计算机屏幕的分辨率稍小一些,以便放置阅读工具栏。近两年的计算机屏幕往往是 16∶9 的宽屏,而原有的计算机用户可能仍然保留着 4∶3 普通屏幕,设计师还应考虑到电子杂志在普屏和宽屏上能够同样适用。

印刷杂志的开本一般是 A4 大小,纵向的长方形开本。很多电子杂志采用类似比例的开本形式,如图 2-1 所示的著名多媒体互动杂志《PocoZine》就采用了这种开本,它延续了印刷杂志的开本比例,看起来具有熟悉感,容易

被读者接受。另外，一些电子杂志考虑到计算机屏幕的横向特征，采取了长方形的横向开本，如图2-2所示的德国游戏电子杂志《Select》，横向长方形开本更多地考虑到在计算机屏幕上阅读电子杂志。还有的电子杂志采用正方形开本，如图2-3所示的西班牙流行时尚电子杂志《Actitudes》，正方形开本容易产生个性、精致的印象。一般说来，电子杂志以纵向长方形开本居多，横向长方形开本与正方形开本相对来说较少使用，但也有使用后两种开本以获取独特、个性视觉感受的电子杂志。

图2-1　类似印刷杂志A4比例的纵向长方形开本

图2-2　横向长方形开本

图 2 - 3　正方形开本

　　多媒体互动杂志的制作软件 iebook 超级精灵 2010 内置了几种开本以供设计师选择：标准或硬皮组件 750 × 550 像素、豪华组件 800 × 600 像素、方版组件 950 × 530 像素、全屏组件 950 × 650 像素，还可以选择自定义尺寸，自己定制出开本的长宽大小。电子杂志的开本设计既要考虑到该杂志的品牌理念，也要考虑目标读者群的心理需求，才能定制出合适的开本形式。

二、电子杂志的组成部分

　　一本电子杂志大致由封面、封底、标识、杂志编辑部门页面、目录页、版权页、篇章页、后附页、阅读工具栏、背景和书脊等部分组成。一般来说，封面、封底、标识、目录页、版权页这几部分是电子杂志基本包含的部分，而杂志编辑部门页面、篇章页、后附页等页面则由设计师根据实际情况来决定是否设置。阅读工具栏、背景和书脊这三部分属于多媒体互动杂志的附加组成部分。在这三者中，阅读工具栏和背景是多媒体互动杂志基本包含的部分，硬边书脊则由设计师来决定是否设置。设计一本电子杂志时，设计师需要首先认识它的组成部分，理解各个组成部分的不同作用，才能设计出美观、完整的电子杂志。

Di-erzhang Dianzi Zazhi Sheji de Yuansu

封面

　　封面是电子杂志展示其品牌理念和个性的最关键的部分。读者阅读电子杂志首先接触到的就是封面，封面的设计直接影响到读者是否继续看下去的行为。一些多媒体互动杂志以封面的图像作为该期电子杂志的图标，图标能影响读者是否下载的行为，引起读者兴趣的图标能促使读者下载并阅读该期电子杂志。封面设计必须尽量显得与众不同。杂志不同期的封面设计既要让读者有熟悉的感觉，又需要在设计上有些新意，让读者认出这是新的一期。

人物封面

　　人物封面是以人物作为主要形象的封面设计。很多广受欢迎的传统杂志喜欢采用年轻漂亮的模特作封面，读者也比较容易受这类杂志封面的吸引，导致购买行为。国内著名时尚电子杂志《瑞丽裳》一般采用人物封面（如图2-4），就是采用了典型的人物封面。图2-5所示的《A. 23》是印度尼西亚的文化、访谈、摄影、报道类电子杂志，2008年第4期采用了人物封面。图2-6所示的西班牙时尚电子杂志《H Magazine》，也采用了以人物为主角的封面设计。

图2-4　《瑞丽裳》第44期采用常见的人物封面。漂亮的年轻女模特位于封面中显要的位置，露出亲切而甜美的笑容。背景的粉色调突出了女性的柔美感与时尚感

图 2 – 5 《A. 23》2008 年第 4 期电子杂志的人物封面。采用一幅黑白照片作为封面底图，照片中一个睿智的男人看着画面的左上方，将读者的视线引导到杂志 LOGO 的位置

采用插画形式的人物封面能展现电子杂志的强烈个性和独特风格。手绘和矢量形式的插画不仅表现出设计师的个性，而且能展现出杂志的设计风格。图 2 – 7 所示的意大利个人电子杂志《Notazine N. 3》采用设计师本人绘制的人物插画作为封面，个性鲜明，和使用摄影人物照片的封面设计相比，它的风格感和个性感更强。

图 2 – 6 《H Magazine》第 104 期使用以人物为主角的框架构成形式的封面设计

图 2 - 7 《Notazine N. 3》采用设计师本人绘制的人物插画作为封面，个性鲜明

风景封面

风景封面一般被运动类、旅游类和地理类电子杂志所青睐，这几类电子杂志需要高精度的风景照片展现辽阔的自然风景或者自在的户外运动场所。图 2 - 8 所示的《中国国家地理》采用了风景封面。图 2 - 9 所示的《Swell》是来自比利时的冲浪电子杂志，采用了海的风景封面。使用风景封面的电子杂志一般给人广博、专业的感觉。

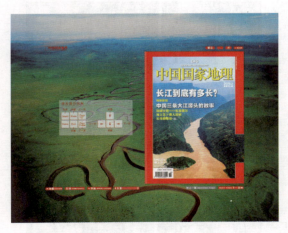

图 2 - 8 《中国国家地理》第 581 期封面采用一幅风景照片来配合封面上的主要标题"长江到底有多长?"。高质量的风景照片很好地契合了中国国家地理杂志的主题和理念，它不仅展示了杂志的风格特色，还很好地说明了主标题内容

图 2 – 9 《Swell》第 19 期封面采用海的摄影照片为主要图像，符合其"冲浪"的杂志主题

纯文本封面

纯文本封面一般不多见，是具有强烈个性的封面设计。它主要用于艺术设计类电子杂志，或者试图给读者留下与众不同印象的电子杂志。这类封面具有抽象感，处理得不好就会使封面设计显得简单、缺乏层次感，而设计得当则给人留下深刻而独特的印象。图 2 – 10，是美国的设计类电子杂志《Lab》，它采用了纯文本封面。图 2 – 11 中的《Five Five Nine》是美国的关于山地自行车运动的电子杂志，也采用以文本为主的封面设计。

图 2 – 10 《Lab》第 2 期使用纯文本进行封面设计。设计师将所需文本打印出文字粘贴到黑色的高反光纸上，进行立构组合，再拍摄照片制作成封面。这种手工制作方法突破了计算机设计单调、无肌理感的局限，使封面设计在看似简单的构成中展示出丰富的材质感

Di-erzhang Dianzi Zazhi Sheji de Yuansu

图2－11 《Five Five Nine》第1期封面设计。仅有电子杂志 LOGO、期号，以及"骑车和拍照"的主题词，非常简洁。封面上由两条直线交叉而成的"X"形线显得很独特，交叉线在其内页版面设计中作为主要设计元素被反复使用，形成一种个性的表现

其他封面

电子杂志还有一些令人耳目一新的封面设计。虽然这些封面设计并不常见，且大多是艺术设计类的电子杂志，但给读者留下了独特的杂志印象。图2－12所示的《Vis－Ed》是美国的艺术、设计、绘画的电子杂志，使用了简洁矢量图形的封面设计。图2－13所示的《Komma》是德国曼海姆大学设计系的电子杂志，采用了理性插画形式的封面设计。图2－14所示的墨西哥艺术类电子杂志《Etel》，采用了具有超现实感觉的封面设计。图2－15所示的《Design & Life》是台湾的设计电子杂志，它的封面设计具有网格感觉。图2－16所示的德国建筑周刊电子杂志《Baunetzwoche》的该期主题是布兰德霍斯特博物馆，它将社论安排在封面上，显得较为独特。

电子杂志设计师在进行封面设计时，要注意封面设计的重要性，认识到封面是读者接触电子杂志最开始的部分，读者是否下载并阅读杂志，在很大程度上取决于封面设计对其的吸引力。一些国外的电子杂志封面设计风格独特、个性。国内电子杂志多为多媒体互动杂志，多数使用照片作为封面设计的主要图像，使用人物照片尤其居多，给读者留下了风格类似、雷同的印象。人物封面虽然很受读者欢迎，但是一些定位独特的电子杂志也可以考虑其他适合办刊理念的封面设计，而不能盲目跟风。应该看到，封面设计是电子杂

志办刊理念的集中体现，独特而受欢迎的封面设计可以加深目标读者群对电子杂志的了解和喜爱。

图 2 – 12　《Vis – Ed》第 1 期的简洁矢量图形封面设计。使用耐看而富有意味的简洁矢量图形作为其封面的主角，表达了该杂志对矢量图形的爱好和追求

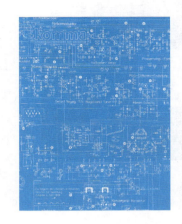

图 2 – 13　《Komma》2009 年第 4 期采用了理性插画作为封面设计。杂志 LOGO 也融入了插画的风格，采用了勾白色细边线的形式

图 2 – 14　《Etel》使用了横向长方形开本，第 6 期的封面设计是一个由丰富的点、线、面元素构建的超现实版面空间。在封面中，既有插画，又有摄影照片；既有具象图像，又有抽象图像。这些元素配合小人物与大手的比例错视营造了一个非现实意义的虚拟空间

图 2 – 15 《Design & Life》第 14 期的封面设计具有网格感觉。背景中的黑色部分具有织物纹理，封面设计看上去更富有层次感

图 2 – 16 《Baunetzwoche》第 125 期的独特之处在于将社论安排在封面。杂志借鉴了网页的设计形式，包括封面在内的每页版面下方都放置了栏目和文章目录导航，目录导航直接链接到该栏目或文章的起始页面，点击目录就到达相应页面

封底

电子杂志的封底设计可以与封面风格相一致，形成完整的视觉风格。也可以与背景设计风格相一致，或形成自己独立的版面风格。电子杂志的封底设计风格多样，或简洁，或富有设计感，或具有肌理感，或富有诗意（如图2 – 17

图 2 –17 《InterPhoto 印象》第 62 期的封底设计，只放置了杂志 LOGO 和联系方式的文字

至图2－20）。有些电子杂志封底仅仅放置了杂志的标识，如《中国国家地理》、《Intel Photo 印象》《Display》等均采用了只放置杂志 LOGO 的封底设计，其目的是加强标识的回顾和记忆。

图 2－18　《CGArt Style》第 34 期的封底设计与背景设计风格相一致。除了杂志 LOGO，还有与背景风格类似的插画

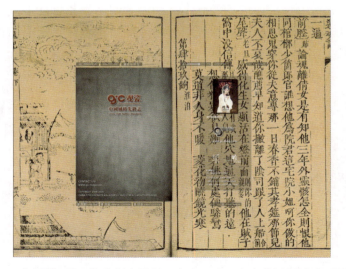

图 2－19　《观瓷》第 3 期的封底设计，杂志 LOGO 和宣传语设计成浮雕效果，页面背景具有肌理感，与杂志的古书页面背景形成对比

图 2-20 《遇》第 13 期的封底设计，将宣传语"关于遇见的一场温柔相逢"和一幅富有清新诗意的照片放置在一起，加深了读者对该杂志的印象

标识

标识位于封面最显眼的位置。电子杂志的名称和标识的视觉形式是固定的，从杂志的创刊号开始使用，每期杂志的这个部分都是基本相同的。标识要集中体现一份电子杂志的创办理念、杂志个性和独特设计形式。在标识设计时，设计师要首先考虑到杂志理念怎样才能被视觉化，这个标识必须符合目标读者群的期待和欣赏，另外，它还应该具有很好的辨识性和记忆性。在最初设计时，设计师应花费大量时间对标识进行精心设计，一旦确立下来在创刊号上使用，就不能轻易改换标识。每期标识可以根据封面主色调更换色彩，但外形一般不会改变。图 2-21 所示的《CGArt Style》是国内顶级 CG 艺术电子杂志，它的标识设计是文字与图形的结合。其他标识设计如图 2-22至图 2-30 所示。

图 2-21 《CGArt Style》的标识是文字和图形的结合，英文字母"G"被设计成类似"龙"外形的图形，具有立体的橙色水晶质感，和 LOGO 其他的白色平面字母、文字形成对比

图 2 - 22　《Bsides》采用了英文字母和人物图形结合的标识

图 2 - 23　《Actitudes》的标识采用英文字母水平排列的形式

图 2 - 24　《Ballon》采用英文字母和装饰线结合的标识，力图表现其当代艺术的内容

图 2 - 25　《鉴赏》采用了中国传统书法作为标识，表达了该杂志的古典文化风格

图 2 - 26　《飙》的标识被设计成金属质感，具速度感的模糊线条围绕着金属文字，展现了飙车时的情景

图 2 - 27　《Galz Vektorism》的标识采用英文字母和图形组合而成，字母的双线勾边使其富有装饰性

图 2 - 28　《Komma》使用细线勾边的标识，这种形式与封面的线状理性插画风格相一致

图 2 - 29　《Cyclic》是澳大利亚的电子音乐杂志，运用粗犷的手写文字作为标识

图 2-30 《NTS》是土耳其的艺术设计类电子杂志，其标识富有个性风格

标识被遮挡

电子杂志的标识一般应该清晰明确。在一些特别的情况下，电子杂志的标识被遮挡住一部分，标识与封面图像结合得更紧密，具有神秘感和趣味感。在这种情况下，标识即使被遮挡了一部分，仍然能得到读者有效的辨识。设计师应注意在任何情况下，标识都需要拥有足够的辨识度。图 2-31 所示的《WOOF!》是巴西的艺术、摄影、插画内容的电子杂志，第 8 期标识被遮挡了极少部分，保持了封面图像外形的完整性。图 2-32 所示《Pop Magazine》是澳大利亚的极限运动内容的电子杂志，其手写体标识即使被遮挡了很少一部分，仍容易辨识。

图 2-31 《WOOF!》第 8 期杂志的封面选用了一幅牵引着月亮形状气球的男人照片，气球遮挡住了 LOGO 英文字母 "OF" 的一部分。封面图像的外形保持了完整性，遮挡的部分显得神秘而有趣，其标识仍然很容易辨认

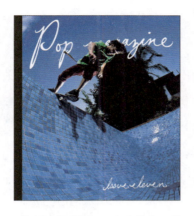

图 2 - 32　《Pop Magazine》的手写体标识富有特色。第 11 期封面上的人物将部分英文标识遮挡住了，但标识仍然容易辨认

标识的发展变化

标识在个别电子杂志上有着多样而个性的表现。《Moloko》杂志的标识依据封面插画风格做出相应变化，这种变化大胆而具有新意（图 2 - 33）。杂志运用不同的图形元素使标识变成一个不断发展和变化的视觉形式，令人觉得幽默、有趣。这种标识的变化形式具有一定的实验性，它与该杂志的个性理念是相契合的。

图 2 - 33　《Moloko》是俄罗斯的设计、摄影、音乐等综合内容的电子杂志，它的标识根据每期封面插画的风格做出相应的发展变化，由于 LOGO 的形状基本没有变，读者仍然能够一眼认出该电子杂志

杂志编辑部门页面

杂志编辑部门页面在封面之后、正文页的前面，类似于书籍的序言页，一般是主编、杂志社或设计师写的致辞、谢词或前言，它可以向读者解释出版电子杂志的目的、想法和理念，也可以就某一期杂志主题阐述其想法和感触，对读者了解该期主题进行铺垫。一些电子杂志没有杂志编辑部门页面，是否设置该页根据具体的情况来定。杂志编辑部门页面的版式设计不拘一格，没有固定的形式。有的设计成一封信的形状，将致辞放在几页信纸上面，像是一封致读者的信；有的设计成长卷的形式，凸显了中国古典文化气息（如图 2－34 至图 2－39）。设计师可以根据具体情况进行设计。

图 2－34 《InterPhoto 印象》第 1 期的卷首页，阐述杂志创刊的理念，信纸的形式将总编辑的感言烘托得温馨而感人

图 2－35 《鉴赏》第 2 期的开篇语页面，它由总监制撰写。古色古香的梅枝、虚无缥缈的远山和展翅欲飞的鸟儿表达着该杂志传播中国文化的想法。《鉴赏》是鉴赏古玩的多媒体互动杂志，从它的"鉴藏之极，赏情之致"的主题词就可以看出，该杂志富有中国古典文化特色

图 2－36 《Street》第 11 期的杂志编辑部门页面，版面插画和设计形式突出了青年潮人的个性风格

图 2－37 《瑞丽裳》第 50 期的杂志编辑部门页面，它包含了编辑的信，以及编辑推荐的最新时尚用品和佩饰

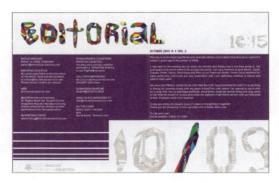

图 2－38 《Iniciativa Colectiva》第 15 期的杂志编辑部门页面。"Editorial"标题字母由各色小方块组成，富有装饰性。右下角"10/09"中间的斜线也是同一风格，有呼应作用

图2－39　《Five Five Nine》第1期的杂志编辑部门页面设计延续了封面设计的交叉线元素

目录页

　　电子杂志的目录页作用很大。文章标题、简介和页码都放置在目录页上，读者可以从目录页上浏览全部文章的标题，粗略了解杂志的内容。读者可以在该页寻找封面重点推荐的文章，或者选择喜欢的文章优先阅读。目录页一般放置在杂志编辑部门页面的前面或后面。目录页展示了整本电子杂志的内容结构层次，它可以浏览到所有文章标题。多媒体互动杂志的目录页作为很重要的一个按钮被放置到阅读工具栏上，点击目录页按钮，可以直接跳转到目录页，接着点击所选择的文章标题，就可以进入想阅读的文章页面，这种超链接的方式使查找文章变得轻松而容易。

　　目录页的设计应该清晰易读、条理清楚，便于读者查找需要的文章，它不仅要列出各个栏目版块和文章标题，还可以将重点文章的精良图片或少量简介放置在该页面，指引读者阅读。同一本杂志的目录页可以放置在固定的页码，并且延续惯有的目录设计版式，使读者感到熟悉，容易认同新一期电子杂志。目录页的设计还需要有足够的新意，以表达新一期的主题和趋势（如图2－40至图2－48）。

图2－40　《科学美国人》2010年第1期的目录页设计采用理性感觉的目录页形式

图2-41 《PocoZine》第67期的目录页设计令人感觉简洁而时尚,坠落的小方块动画令人觉得生动而有趣,增加了版面的活力

图2-42 俄罗斯多媒体互动杂志《BIGmag》第6期的目录页设计色彩丰富。左边的大号文字与右边的小号文字形成对比,版面的层次感较强

图2-43 《观瓷》第2期的目录页将每篇文章设计成一本书的样子,淡淡的怀旧风格令人想读个究竟,点击书就可以到达相应的文章

图2-44 《鉴赏》第16期的目录页设计令人感觉古色古香。从右至左的竖版中式编排，以及传统绘画等元素的运用，都很好地表达了版面的中国古典文化风格

图2-45 《Bsides》第2期的目录页设计采用真实的笔记本形式，在翻开的纸页上，用红色的圆珠笔和铅笔手写出重点文章标题，文字和图形比较独特，令人联想到学生时代，具有熟悉和特别的感觉

图2-46《黑孩子》第13期的目录页设计。标题依据中间的交叉线较为自由的放置在版面上，背景具有较强的肌理感

图 2 –47　葡萄牙电子杂志《Publ & MAG》第 14 期的目录页设计非常简洁，它将页码数字排列成一条水平线，仅将重点文章的页码和文章名用大号字体标写出来，放置在水平线的上面和下面

图 2 –48　《Font》第 7 期的编辑致辞与目录合为一页，版面上部放置目录，主要文章的图片上是文章对应的页码，一目了然，右下部放置编辑的致辞

版权页

版权页可以放置发行单位等与该期电子杂志相关责任者的信息，没有绝对的排列顺序，通常包括主办方或策划、总编、编辑、设计总监、设计师、联系方式等，有的还包括了主管部门、出品人、顾问、动画设计师、影视设计师、图片编辑、校对、广告代理公司等信息。版权页可以标明"版权所有，未经许可，禁止转载"等与出版权利相关的字样，强调电子杂志内容的权利归属问题。电子杂志的版权页排列在封面之后，目录页的前面或后面，也可

以排列在封底之前。一些电子杂志的版权页是单独的页面，也有一些电子杂志将版权页和目录页的内容合并为一页，或者与杂志编辑部门页面合为一页。个别电子杂志将目录、杂志编辑部门页面和版权三部分内容放置在一页（如图2-49至图2-53）。版权页的版式风格应该简洁而清晰，以便于流畅地阅读和理性地认识。

图2-49 《中国国家地理》2009年第4期的版权页设计简洁、有序、理性

图2-50 《CGArt Style》第24期的目录和版权页设计，版权部分被设计成左边的封套，右边露出光盘，周围游动的圆点就是栏目的链接按钮

图 2－51　电脑网络类电子杂志《Php Architect》第 6 期的编辑致辞与版权页设计

图 2－52　《A.23》2008 年第 4 期的目录、杂志编辑部门页面和版权合为一页

图 2－53　《Display》第 26 期的编辑致辞与版权页设计运用了点元素的有序排列，该页风格与目录页、封面相一致

篇章页

篇章页是各个栏目版块文章前面的页面，包括该栏目的名称，以及接着将阅读的该栏目文章的标题。一些电子杂志放置了篇章页，它可以使读者在连续阅读过程中有一个缓冲和休息的机会，整理一下思路，对即将阅读的文

章有基本的了解和心理准备（如图 2–54 至图 2–57）。多媒体互动杂志采用了互动技术，杂志包含的信息量大，媒体类型多，视觉效果比传统印刷期刊杂志更丰富，连续阅读会使读者有一定的疲惫感，所以，设置篇章页有一定的作用。另外，它对于营造电子杂志的阅读节奏也有一定作用。

图 2–54 《InterPhoto 印象》第 59 期的篇章页设计，介绍"人物志"栏目和栏目下的文章标题和简介。大面积留白的设计使读者感到轻松、透气

图 2–55 《PocoZine》第 68 期的篇章页设计，介绍"旅游"栏目以及该栏目下的五篇文章

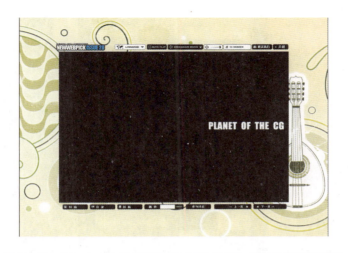

图 2 - 56　《Newwebpick》第 28 期 "CG 世界" 栏目的篇章页设计

图 2 - 57　《CGArt Style》第 34 期 "特别专题" 栏目的篇章页设计

后附页

　　电子杂志的后附页排列在内容文章的后面，封底之前。后附页一般包括该电子杂志其他期数的推介，相应印刷杂志的优惠广告，以及与该电子杂志相关的产品广告等内容（如图 2 - 58、图 2 - 59）。

图 2 – 58 《2D Artist》第 38 期的后附页，其内容与杂志优惠有关

图 2 – 59 《CGArt Style》第 34 期的后附页，推荐 2010 年、2009 年和 2008 年及以前的《CGArt Style》电子杂志下载

阅读工具栏

多媒体互动杂志与 PDF 电子杂志看上去较明显的区别就是设置了阅读工具栏。阅读工具栏具有互动功能，点击上面相应的页面按钮就能直接跳转到该页面。阅读工具栏一般包括"封面"、"封底"、"目录页"、"向前翻页"、"向后翻页"、"音乐"、"全屏"、"退出"等按钮。点击"封面"、"封底"或者

"目录页"按钮可以进入到相应的页面;"向前翻页"和"向后翻页"按钮在一些电子杂志中可以运用键盘上的 PageUp、PageDown 按键或者左右方向键来行使快捷功能;"音乐"按钮可以控制电子杂志背景音乐的音量大小;"全屏"按钮可以使电子杂志在全屏和 1∶1 屏幕之间进行切换;如果你已不想阅读杂志,点击"退出"按钮就可以关闭杂志。阅读工具栏设计(如图 2 –60 至图 2 –63)。

图 2 –60 《惊奇档案》的阅读工具栏是酷炫的金属质感,背景和阅读工具栏融合为一个整体,除了按钮、LOGO 和极少装饰是银色的亮金属质感,其他背景部分均是做旧的亚光金属感觉。"惊奇档案"四个字就像是嵌入在背景中,极富三维立体感,令人感觉既酷又真实。阅读工具栏和背景整体是深灰色调,与第6期的红色封面形成强烈对比。右下角有背景音乐控制播放按钮,类似于播放器,可以从三首音乐中选择,也可以暂停、播放音乐

　　阅读工具栏作为多媒体互动杂志不可缺少的部分放置在内容页面的四周,阅览时,杂志模拟翻页,而阅读工具栏的位置始终不变,所以,多媒体互动杂志的设计是包括页面、背景和阅读工具栏的整体设计。设计师在设计多媒体互动杂志时,不仅应考虑到单个页面版面的设计,还要考虑到杂志页面周围的杂志背景、阅读工具栏也是电子杂志设计的一部分,从整体上去把握设计。一些阅读工具栏采用杂志制作软件提供的样式,风格简洁,样式类似,但有些多媒体互动杂志的阅读工具栏设计非常精彩,如水晶质感、金属质感等,还有其他独特风格的设计。

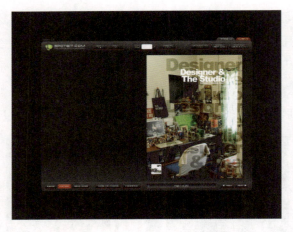

图 2－61 《Artz Mania》的阅读工具栏富有三维立体感，黑红对比令人感觉经典，对比强烈。左上角 LOGO 图形的绿色和右下方页码条的蓝色成为黑色主色调中亮丽的点缀。LOGO 是水晶质感，立体感极强。它设置了"缩略图"按钮，可以同时查看多个页面。还设置了三个"放大"按钮，有三种页面放大方式。具有"发送给朋友"的按钮，点击按钮可以将此电子杂志告诉好友

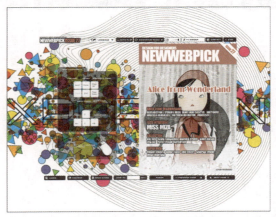

图 2－62 《Newwebpick》的阅读工具栏包括很多功能按钮，"语言"按钮包括十种各国语言的工具栏文字；点选"自动翻页"按钮，杂志可以自动翻页观看；点选"背景音乐"按钮可以选择不同的背景歌曲，还可以调整声音大小；点选"全屏/1:1"按钮可以在两种屏幕间切换。除了一般阅读工具栏的翻页等按钮，《Newwebpick》还有"联系我们"、"跳转到第几页"、"参与讨论"几个按钮

图 2－63　《时尚先生》第 17 期的阅读工具栏。蓝灰水晶质感，工具栏上有
"订阅时尚系列杂志"的按钮，还有"搜索杂志"按钮。点击"缩略图"按
钮可以同时预览多个页面，还有"意见反馈"、"推荐给好友"、"讨论"等其
他按钮，各项互动功能比较齐全

背景

　　多媒体互动杂志一般都有背景设计，有具象图像，也有抽象图形；有朴
素的背景，也有华丽的背景。多媒体互动杂志设置背景图的目的是营造该期
杂志主题的氛围，衬托杂志内容版式的设计，突出杂志信息内容，使内容更
有效地传达给读者（如图 2－64～图 2－70）。背景的设计风格应该与多媒体
互动杂志的风格相一致，特别是与封面设计相呼应。设计师应将背景设计与
杂志的版式设计放在一起来考虑，形成整体的风格。

图 2－64　《CGArt Style》第 23 期的背景采用英文字、数字和少量矢量图形组
合而成，富有现代感和设计感，背景设计的局部色彩与封面主色调相呼应

图 2 – 65　泰国时尚类电子杂志《Street》第 11 期的背景设计和封面风格相一致，涂鸦墙面、富有个性的深灰色调、涂鸦状的手写字体很好地表现了时下青年人的个性和审美趣味

图 2 – 66　《Display》第 28 期的背景设计以梦幻感的渐变色彩光斑为主要元素，在版面上叠加点缀着大小不一、不同透明度的圆形光斑，使版面显得绚丽浪漫

图 2 – 67　《Newwebpick》是著名的设计类电子杂志，内容涵盖了数字艺术、3D 设计、平面设计、插画等内容。第 22 期的背景设计是一幅色彩淡雅的插画，轻松、雅趣的笔触很好地表现出该期杂志的基调，给人以艺术感和设计感

图2-68　意大利视觉设计电子杂志《Root》第6期的背景设计简洁而具有构图感

图2-69　《Ho！Designer》是泰国的设计类电子杂志，第3期使用了民族特色的装饰元素和色彩，使杂志表现出浓郁的泰国民族风格

图2-70　《乐活志》第1期的背景是木制桌面，上面摆放着一些熟悉的日常用品，就像现实生活中真实桌面上的杂志一样

书脊

　　一些多媒体互动杂志设置了硬边书脊，外观上类似传统纸媒书籍（如图2－71、图2－72）。大部分多媒体互动杂志则没有硬边书脊，采用类似骑马订的模拟装订方式。传统印刷期刊杂志的书脊设计具有重要作用，当杂志被侧放在书架上时，书脊就成为了唯一可供识别的部分。书脊对于电子杂志来说没有那么重要，它可以使电子杂志看起来有些厚度，显得更有分量。是否设置硬边书脊由设计师根据杂志的具体情况来定。

图2－71　《鉴赏》第1期的书脊设计具有中国古典文化风格

图2－72　《InterPhoto 印象》第62期，书脊设计表达了简洁、个性的感觉，色彩根据每期封面的主色调做出相应的变化

三、电子杂志的多种媒体元素

电子杂志包含了多种媒体元素，如文字、图形、动画、视频、音频、互动元素等。电子杂志不仅包含了视觉元素，还包含了音频元素；它不仅包含了静态平面元素，还包含了动画、视频等动态元素。多种媒体元素的运用使电子杂志具有了更多的主动性，版面空间显得更为真实、立体，版面效果也更具有吸引力。

文字

文字能准确地传达信息，这是图片所难以达到的，文字不仅具有传达信息的能力，而且还具有表达形象的能力。不同的字体可以表达出不同的性格情感，文字不同的编排和组合能带给人不同的视觉感受，形成不同的信息理解过程。文字设计是电子杂志设计很重要的一部分，其版式表达着设计师的个性情感，在设计上要注意营造文字的层次感和版面的空间感。在进行文字排版时，设计师既要注意文字排版的生动性，又要注意信息内容的传达性。有的电子杂志设计师忽视文字的设计，以为将文字编排在版面上就行了，这种观点是不对的。文字的编排其实是电子杂志版面设计的重要组成部分，要运用多种编排方式将文字排列得有序、条理。文字的设计往往是版面的精彩所在，巧妙、幽默的文字设计会引起读者的阅读兴趣。如图 2－73、图2－74所示。

图 2－73 《Studio_ 83》第 6 期的文字设计。"Studio_ 83"的字母由各种各样的图形组合而成，如电话、女人、键盘、字母、骑摩托车的人、帽子、光盘等，这些图形看似毫无联系，却共同组成了该电子杂志的名称，显得有趣而精彩

图 2 - 74 《Newwebpick》第 15 期的文字设计。版面文章介绍 "ReD52 +" 这个设计师和零售商的联盟。该圆角方形由 "ReD52 + Chapter one the beginning"（ReD52 + 第一章开始）的文字和直线、加号、逗号等元素组合而成，与文章相呼应

　　文字的形态变化多种多样，其组合方式也千变万化。文字不同疏密的排列可以看作不同的肌理，不同组合的文字可以看作不同意义的形状，文字的不同编排在视觉上给人不同的感受。文字也可以看作图形，可以运用图形设计的相关理论。文字的图形化和象征性能表达出深层的设计思想，设计师要充分考虑到这方面的创意。

　　文字在版面上有多种排列形式。横排文字有左对齐、中对齐或右对齐的方式，竖排文字有上对齐、中对齐或下对齐的方式。一般文字段落的排列以左对齐和上对齐的方式居多，有些特殊版面则运用斜线对齐等特殊排版的形式。横排文字排版应进行适当分栏，栏数以适合阅读为佳。如果不分栏，版面就容易显得单调，而栏数如果分得过多，会使读者的视线来回换行，就会造成视觉上的疲劳感。在文字的设计排版中，设计师要注意在软件中使用文字避头尾法则，使标点符号保证处于正确的位置。在后期，设计师还要注意进行必要的文字编辑工作，消除最后一段文字单字的现象，使段落的形状更完整（如图 2 - 75、图 2 - 76）。

图2-75　《3DCreative》第43期版面的文字绕排。段落文字围绕人物排版，具有和人物外形相呼应的曲线边缘线

图2-76　《Bak》第14期版面。文字编排与图像对象的外形相互呼应，两者结合得很巧妙，形成一个整体

版心

版心也称版口，是页面上文字部分存在的范围。版心的四周有一定的空白，传统书籍称为上白边、下白边、外白边和内白边。版心设计取决于杂志的开本，从长与宽的尺寸、版心与边框的对比来设计出较好的版心大小和版心比例。传统书籍的版心设计主张下白边和外白边宽一些，使版心靠上部。还有些现代的版式设计拥有较为新颖的形式，如无版心设计或满版设计。这种版式设计显得个性、自由，它没有固定的白边，文字和插图也不受版心的约束，根据需要来进行编排设计，这种形式适合插图较多、文字较少的出版物。版心的四周有一些空白，可以使杂志版式显得有序、稳定，它有助于形成理性、有序的阅读流程，对信息的有效传达具有一定的作用。一些电子杂志采取上下、内外对称的版心设计，设计师可以考虑新媒体的独特性来设定版心，而不必一味遵循传统的版心设计形式。

正文

正文是电子杂志编排设计中非常重要的部分，正文设计直接影响到读者的阅读。正文编排设计是运用版心、字体、字号、插图、页码、页眉等元素，依据形式美法则和数理规律，设计出条理而舒适的版面。正文设计的基本目的是易读性，使电子杂志的内容信息很好地传达给读者。文字编排对版面风格的构建有着较大影响。设计师需要确定合适的版心，设置适当的版面栏数，选择适合的字体、字号、行距与字距，减少阅读的困难与视觉疲劳。设计师需要对主要设计元素进行处理，通过文字与设计元素的编排来传达杂志的故事内容，表达个性的品牌风格。好的正文设计不仅具有足够的设计审美，还能使视觉流程清晰，使读者顺畅地阅读电子杂志，营造出愉快的阅读环境。电子杂志的正文版式一般为横排形式，但也有些中国电子杂志页面采用传统的竖排形式，以此来凸显该页的中国古典风格。

首字下沉与首字放大

首字下沉与首字放大一般运用在文章的首字母或文字，意味着文章的开端。首字下沉是文章的第一个字母或者文字降到基线以下，并进行放大（如图 2 −

77）。首字放大则是文章的第一个字母或者文字仍在基线以上，只是放大了字号。首字下沉与首字放大可以放在正文的外部或者内部，可以设定巨大的字号来突出提醒的作用，并强调这种对比关系。首字下沉与首字放大的字体可以是正文文章字体的加粗和放大形式，和文章的风格一致，也可以选用完全对比的字体风格，以弥补文章版式的风格形式，并形成较好的对比效果。

The other day, I had a meeting with a friend of mine about Celebrate Life magazine [the sibling magazine to Studio83 – http://cl.studio83.co.za]. And while we were chatting about celebrating life and everything in it, it hit me. All this time, I had no idea what I was doing with S83 magazine – since I'd started it, I seemed to just be going through the actions, but not thinking about the "why". It seemed everyone knew its purpose, except me. I was just doing it for fun, and because it was something I'd always wanted to do.And that was the point; that knowing nothing except that I wanted to do it, I started S83. And now I'm living that dream. I realsed that I'd rather do something that I know nothing about and learn, than do the same thing over and over. For me, that's growth. That's what I've seen with this S83 over the years – and the response from everyone has exceeded our expectations. This is our third year running, and

图 2 – 77　《Studio_ 83》第 7 期版面的首字下沉。"T"字母放大后形成独立的方块下沉至段落内部，提示读者这是文章的开始。有的首字下沉的同时还会改变颜色，会显得更加醒目

字体

字体是指文字的风格式样。电子杂志的字体一般分为印刷字体和装饰字体两类。印刷字体是比较规范的字体，如宋体、黑体、楷体、Arial、Arial Black 等，装饰字体是根据具体需求所设计的有构思、有创意的字体，如书法字体、装饰花体字、立体字、字图组合等。印刷字体令人感觉端庄稳重、结构严谨。印刷字体一般用于大段落的正文文章，这类字体在计算机中一般通用，不会出现阅读时字体丢失的情况，能保证读者的阅读过程顺畅。装饰字体具有较强的个性与艺术性，在造型上有多样的效果。装饰字体一般用于文章标题、插图，它的设计比较灵活，可以制作成图片插入版面中。

电子杂志设计师可以选择适当的字体来充分表现设计的风格和情感。不同的字体因为外形不一样给人带来不同感受，设计师要善用文字的字体，使

Di-erzhang Dianzi Zazhi Sheji de Yuansu

阅读过程变得顺畅而有趣（如图 2 – 78、图 2 – 79）。粗体字显得粗犷有力，具有男性的特点，适合权威、专业类杂志；细体字显得雅致秀气，具有女性的特点，适合女性、时尚类杂志。在同一页面中，字体的种类少能显得版面稳定，有严谨感；字体种类多则显得版面活跃，有丰富感。一般来说，一个页面里的字体种类不宜过多，字体过多就会感觉版面花哨、杂乱，具体选用几种字体需要依据杂志和文章的实际需要而定。

图 2 – 78 《Blanket》第 10 期版面。文章标题运用了带卷曲线的装饰性文字，与正文的印刷字体形成对比

图 2 – 79 《Hompar 上海》第 3 期的封面。春天的主题在这里被演绎得很贴切。"Spring coming"（春天来了）的文字被做成三维立体文字，错落有致地排列，小苗、绿叶和藤蔓从字母上生长出来，两只蝴蝶在其间嬉戏。整体的黄绿色调显得清新、单纯、柔和、活泼，符合封面主题

字号

字号指文字的大小。在电子杂志设计中，使用小字号文字容易产生整体感和精致感，但同时文章的可读性也相对较差，字号如果太小则不利于内容的阅读。使用大字号文字容易使读者看清版面内容，但同时版面会有松散的感觉，字号如果太大则容易使版面缺乏空间感。字号大小的表示有不同方式，如磅（point）、像素（pixel）等（如图2－80）。

图2－80 《Display》第28期版面。文字的不同字体、字号组合令版面形成层次感和空间感

字距和行距

字距和行距可以决定杂志版面的基本形式，在很大程度上影响文章的可读性。行距本身是有力的设计语言，它对电子杂志版面效果的形成作用很大，电子杂志设计师可以有意识地加宽或缩窄行距，来表达杂志独特的个性风格（如图2－81）。加宽行距可以显示轻松、舒展的感觉，可以用于抒情性和个性化文章。宽行距和窄行距的并置可以增强版面的空间层次感。一般来说，正文比较适合设置接近于字体尺寸的行距，适当的行距会形成一条条空白线，引导读者阅读。相对来说，电子杂志正文的排列字距和行距较小，这样的正文看上去是大面积的文字"块"，紧凑而有序；在引言和类似于短小的诗文排列中，字距和行距较大，这样的段落看上去内容重要，富有诗意感和华丽感。

标题的设计就不一定了，有的标题设计刻意强调大的字距和行距，有的标题设计则故意重叠文字，或者使字符紧紧挨着，各有趣味。

The punk movement did it tough growing up in the underground, but slowly and surely those who felt they never fit in suddenly realised that they did, only their society was a lot smaller and dirtier. The venues, like their patrons didn't fit into society either. One of those venues that stood out and played a huge part in the rise of punk music in the early 1980's was New York's now deceased CBGB's (Country, Blue Grass, Blues). The venue oozed everything that punk embraced with over two decades of history, physical abuse, graffiti, billposters, stickers, blood, sweat and tears. The demise of CBGB's concealed the fact that punk's dead, but exactly the death of punk could be traced back to the mid 1980's. Punk's demise could be contributed to the overuse of the word punk, the subcategories (including Pre and Post) and the 'cool' persona it now brings.

Punk's death can be attributed to commercialisation, to the fact that people and companies are hanging onto it in a hope to make some money and give themselves instant social credibility. And the fact that these bands, brands, and radio get away with it proves that punk is

dead. And punk's not only dead, its rolling over in its grave.

"Normal people did not listen to Hardcore, and we liked it that way!"

- Vic Bondi, Articles of Faith

There are still elements of punk around, through people supporting local bands, friends helping friends, touring and putting on shows. But its nothing like the way punk originally was for the bands of the 1970's and 1980's. Punk wont ever be the in-your-face revolution and refuge it was thirty years ago and we as consumers must understand the sacrifice and influence our preceding punk forefathers had on our lives. We must

not allow punk and its attributes to be bought, sold, or used to gain social credibility. If being different is cool then lets take it back to the way it used to be and let 'cool' be earned, though hard work, unity, pride and integrity!

Evening Clothing and Lowkeyed Photography, took influence from their punk roots and decided to unite and pay respect to the scene that shaped the life they live today, the music they listen to and the movement that gave them the ability to proudly admit that they are different to most. A tee-shirt collaboration with a unique difference - not for profit but to get a message across. With the constant sight of major fashion chain stores pumping out the 'punk' shirts that are direct rips of the talked about artists that we hold so high. We couldn't take it any more and needed to do something about it in our own way. The image of a microphone from a favourite local band's last ever show is a fitting tribute to our punk roots and a perfect way to let it be known that PUNK'S DEAD and WE'RE GRIEVING!

图 2-81 《Pop Magazine》第 12 期版面。文字的不同字号、行距的组合

标题

标题是简洁表明文章、栏目内容的文字。电子杂志的标题设计有封面标题、栏目标题、文章标题和小标题几个类别。封面标题中，最大的标题常与封面图片有关。栏目标题设计体现了栏目的内容和风格。文章标题在当页上往往是最大的字体尺寸，它的设计风格和相应的文字内容相关，其目的是展示文章内容的基调和感受，力图吸引读者阅览文章。小标题可以有效地隔开大段的正文，使阅读有重点可循，也可以使读者了解文章大致的脉络，粗略理解文章的基本思路。标题主要根据其内容进行设计，同一个栏目的文章标题设计可以在视觉形式上有一定的关联（如图 2-82 至图 2-87）。

图 2-82 《3DCreative》第 43 期标题设计。做旧的肌理材质表现了具有沧桑的酷感

图 2-83 《鉴赏》第 1 期标题设计。书法的形式和右下角的装饰具有古典风格

图 2 – 84　《CGArt Style》第 34 期标题设计。不同字号、字体、粗细、字距、行距的文字和左边的图形组合成大致的长方形，形成一个整体

图 2 – 85　《CGArt Style》第 34 期标题设计。文字的不同肌理、大小、颜色形成对比

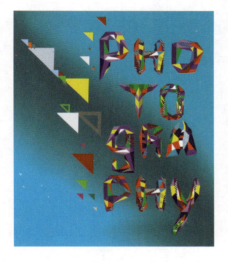

图 2 – 86　《Iniciativa Colectiva》第 15 期标题设计，由不同色彩、肌理的小块面组成"Photography"（摄影）字样，左边的小三角群具有呼应作用

图 2 – 87　《CGArt Style》第 24 期标题设计。大小不同的特色文字组合成一个方形

引言

　　版面文章中的引言能够引起读者的注意，引导视线。引言的内容可以从文章中直接摘录，也可以对文章进行概括性节选，设置引言部分可以使版面的文章内容更易阅读。引言与正文的编排形成一定对比，可以使版面具有较强的节奏感和空间感（如图 2 – 88）。

图 2-88 《Display》第 28 期的引言和正文文字。大引号提示
着读者的注意，两个引号的大小不同使版面具有空间距离感

页眉

页眉，又叫页标题，一般放置在版心以外靠近天头的空白位置。它可以
标明本页文章所属的栏目名称，或者其他相关内容。电子杂志的页眉一般放
置在页面的上方（如图 2-89）。如果有特殊情况，页眉也可以放置在版心外
其他的合适位置，但要使读者不觉得过于突兀，并且容易辨识。

图 2-89 《惊奇档案》第 6 期的页眉设计，包括杂志的期号和
"梦幻直播间"的栏目字样，放置在页面左上角

页码

页码主要由页面编号组成。页码有助于读者查找文章,有利于多页面出版物阅读过程的条理化、清晰化,特别是动辄几十页、几百页的电子杂志,更需要用页码来标注文章的顺序。多媒体互动杂志的页码一般是由杂志制作软件自然生成的,没有明显的设计特点。一些电子杂志则对页码进行精心设计,设计感较强的页码可以表现出电子杂志的个性(如图2-90、图2-91)。

图2-90 《H Magazine》第105期的页码
设计,表现出个性、简洁的风格

图2-91 《鉴赏》第1期
的页码设计具有古典感

图形

图形是电子杂志版面的重要组成部分。作为设计元素,图形可以使读者更好地理解文章内容,它能够将文章的内容视觉化、形象化,是文章的有益补充。图形包括摄影照片、插画和图表三种形式。图形元素是设计师在理解文章内容基础上的个性创造,也是展示电子杂志设计风格的主要元素。

摄影照片

摄影照片,可以具体形象地表现现实生活的人、事与环境。多媒体互动杂志的内容以精良的摄影图片居多,运用图片来叙述故事。设计师可以首先对摄影照片进行选择和剪裁。选择适合的摄影照片来表现文章内容。设计师可以使用原尺寸的照片,特别是一些具有高艺术美感的图像,也可以经过放大裁切得到具有抽象感、构成感的图像局部,表现出不一样的视觉感受。

其次,设计师要考虑到摄影照片的组合。使用不同方式来组合摄影图像,可以产生不一样的版面效果。多图片的排版可以运用网格来辅助设计，使版面形成秩序井然的视觉效果。图片排版还可以在图片之间形成视线联系或呼应关系，或者形成图片的对比关系。再次，以摄影照片为设计素材时，设计师可以使用手绘涂鸦等方式在图像素材上描绘，使原图像更具趣味和个性（如图2-92～图2-95）。

图2-92 《Canvas》第5期版面摄影照片的选择、剪裁与组合

图2-93 《H Magazine》第104期版面中的摄影照片。运用网格能使大量的图片和文字资料有秩序地统一起来，网格具有使版面秩序化、条理化的优越性

图2-94 《Jetpac Magazine》第1期的摄影照片，运用手绘的方式描绘出富有个性的线条，使照片具有更强的艺术感和视觉冲击力

图 2 – 95 《Scrapture》2009 年 10 月封面的摄影照片。《Scrapture》以介绍日本的街头时尚与文化为主要内容,摄影照片上面添加手绘的线条和涂鸦,富有趣味性,显得既可爱又个性

插画

插画有时候能表达出比摄影照片更多的概念和感受,一般的插画比照片更抽象,更富于想象力。插画一般来源于设计师的原创作品,也有些小插画来源于各类免费素材,它具有很强的个性风格,是电子杂志设计风格的重要展示舞台(如图 2 – 96 ~ 图 2 – 99)。插画可以表达设计师的个性,在视觉效果上

图 2 – 96 《Actitudes》第 21 期的插画设计。运用手绘图形和手写文字相结合

图 2 – 97 《Actitudes》第 21 期的插画设计。富有装饰性的矢量图形使下层的写实面孔具有引人注意的特殊形式

可以和文章内容相互衬托。插画是一种造型艺术，更富有现代感与创意性，它应该很好的表现文章内容。在电子杂志设计中，它的主要作用是帮助理解文章内容，使文章信息更好地传达给读者。

图 2 - 98 《Soma》第 15 期的插画设计。标题也具有线描的风格，与插画风格相一致

图 2 - 99 《Newwebpick》第 24 期插画设计。本页是 Hoohaa Design 工作室的介绍，左边插画中戴眼镜的男人线描稿和右边第 3 幅小照片一致，是设计师本人，两者相互呼应表达主题

图表

传统的图表形式一般主要由表格和数字组成，电子杂志的图表却展现出一些新的形式，如图形元素的加入，将图表设计成类似插画的形式等。新的图表设计更注重图表图形化的视觉感受，乍一看像是插图；再一看其实是图

表。有的图表运用在文章内容中，有的图表加入广告中。图形化的图表能使读者对数据的大小一目了然，快速理解图表中的内容。图表的美观形式不仅美化了数据表格，还可以帮助构建版面风格。

动画

动画在多媒体互动杂志中运用很广泛，以简短的动画设计居多。多媒体互动杂志是基于 Flash 动画技术制作而成的，它的动画效果不仅体现在片头动画、主题动画和标题动画上，还体现在交互式按钮的动画效果上。一些动画可以用播放器来控制播放，个别动画短片则扩大到整个版面（如图 2 – 100）。Flash 动画技术的运用使多媒体互动杂志明显有别于以前的传统杂志，所以设计师不仅应考虑静态页面的版式编排和色彩配色设计，还要考虑动画等元素的设计。电子杂志的动画设计直接影响到杂志内容的阅读。好的动画效果简洁而明快，会吸引读者足够的注意力，使读者感兴趣并阅读文章；不好的动画设计可能会使读者丧失阅读兴趣，等待过久会感到不耐烦，转而点击下一页。杂志制作软件本身带有动画效果模板，这类模板使用起来方便、快捷，但同时也会有千篇一律的单调感。设计师可以自己设计动画特效，这样既能掌控动画效果呈现的风格和方式，又具有独特的设计风格。

图 2 – 100 《风马牛》第 41 期的《快意人生风牛马》动画小短片。个别多媒体互动杂志也有超过 10 秒的，有较完整剧情的动画。该动画表现风牛马这个"四不像"小动物从诞生到历经几件事情的经历，塑造了风牛马可爱、乐观的个性

视频

多媒体互动杂志中可以插入视频，如某部影片的推介片花或视频广告。视频可以使用播放器来控制播放（如图 2 - 101）。带有视频的版面形成动与静的对比，动态影像是静态文章和平面版面设计的有益补充，通过富有真实感的视频，读者能够获得直观的认识与理解。一些影片的推介片花放大到整版，大尺寸的片花让读者感受到更强的视觉冲击力。

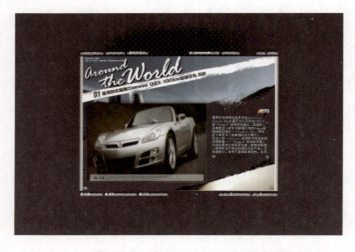

图 2 - 101 《飙》第 1 期的视频。该视频是文章所介绍通用汽车的视频广告，读者不仅可以阅读文字来了解它的介绍，还可以观看视频获得直观的感受

音频

音频的使用使电子杂志成为视觉元素与听觉元素的集合体。电子杂志的音频包括了背景音乐、主题音乐、人声和音效等类别。音频广泛运用于多媒体互动杂志，虽然个别 PDF 杂志自带嵌入的音乐，阅读时自动播放，但其表现力较为单一。多媒体互动杂志的背景音乐应该根据杂志类别与定位来选择，一般选择符合杂志风格的曲子或歌曲。太过激烈的背景音乐容易使人烦躁，不适合静心阅读；太过舒缓的曲调容易使人困倦，而丧失阅读的兴趣。音频

使电子杂志的视觉阅读更具有时空感，形成和真实现实类似的视听空间。

互动元素

与印刷杂志的被动阅读过程不同，多媒体互动杂志的互动元素可以在阅读过程中通过读者的选择，阅读自己感兴趣的内容。多媒体互动杂志的互动元素主要有按钮互动、调查与留言、游戏等互动。按钮元素可以将一部分内容隐藏在链接里面，吸引读者的主动点击。调查与留言可以加强杂志的交流感，提高读者的参与积极性。游戏可以增加杂志的娱乐性，使其亲和度更高。

按钮

多媒体互动杂志包括多种形式的按钮，它们带有超级链接或具有特定的作用，像扩展阅读按钮、确定按钮、返回按钮等（如图 2 – 102）。另外，多媒体互动杂志还有一些隐性按钮，如一个卷轴、一本杂志，点击它们可以跳转到下一个画面，这些看起来不像按钮的元素其实都是隐性的按钮，它们都具备按钮的功能，可以触发按钮动作。

图 2 – 102 《Display》第 28 期的弹出对话框，提示是按照上回阅读的页码继续阅读，还是从头开始阅读。水晶质感的按钮看起来很真实，"是"和"否"的文字并不像一般按钮局限在按钮内，加上倒影，像是立在按钮上面一样

调查与留言

多媒体互动杂志上的调查表、留言都可以形成互动（如图2－103）。调查表互动主要是问卷选项形式，主要调查读者对该期电子杂志的看法和建议。留言互动主要是文字留言形式，读者对某主题的感想、看法可以在主题社区与其他读者分享、讨论。调查表、留言版面的设计应该具有艺术美感、简洁明快，要避免复杂的提问，提升读者的参与积极性。

图2－103　《时尚芭莎》第18期的读者调查表。一般调查表版面单调，缺乏吸引力，读者往往不愿意填写。而《时尚芭莎》版面使用了时尚插画和其他装饰元素，整体版面风格既时尚又有趣味，这些都给版面增加了观赏度。读者填好选项，通过网络可以将调查表即时提交给杂志主办者，达到读者和杂志的互动

游戏

多媒体互动杂志的游戏一般是基于Flash技术的小游戏，比较简单，文件量较小。目前不少多媒体互动杂志都没有游戏这部分。其实，与杂志内容相关的小游戏对于增加杂志印象是很有帮助的，特别是娱乐、休闲、时尚类杂志（如图2－104、图2－105）。融入版面设计的小游戏给读者带来惊喜。游戏可以增加多媒体互动杂志的娱乐性，使读者和杂志的黏合度更高。

图 2 – 104　《ELLE CHINA》第 4 期的拼图游戏。左边是正确图，右边是打散后的四张小图，右上角是时间限制。读者拼对后会有成就感，这也是电子杂志拉近和读者距离的一种方式

图 2 – 105　《睿翼人生》第 5 期的"翻翻看"游戏设计，界面设计富有三维质感和真实感

第三章

电子杂志设计的构成要素

　　构成要素是电子杂志版面的基本构成形式，对构成要素进行分析和理解是版式设计的基础。运用抽象构成的理论来分析电子杂志的版面设计，能将各类复杂的视觉元素理解成简单的构成要素，有助于我们理解版面中各类视觉元素之间的关系，并进行适当的排列和组合。电子杂志的版面元素可以归结为点、线、面的组合。一个圆点、一个文字可以看成是点，点排列成一行时可以看作是线，而线的多行排列则可以形成面。点、线、面之间的关系并不是毫无联系，它们之间可以相互转化，是一种相对存在的关系。点、线、面的不同编排可以组成不同风格倾向的版面，表现出不一样的视觉效果。当然，大部分版面并不是由单纯的点、线或者面构成的，而是三者之间的结合，如点线结合、线面结合或三者结合的混合构成形式。认识和理解电子杂志设计的构成要素，对于组织好版面中多样化的视觉元素是很有作用的。将视觉元素简化来看待，有助于把握版面编排的规律，设计出所需要的版面。

　　视觉元素可以看成不同的形状，点、线和面都是形。形状是视觉形象的基础，它是有着大小、色彩、肌理和外形等变化的形态。形有着多样的变化，如光边的形、毛边的形和柔边的形；也有开放的形和闭合的形的区分；还有抽象的形和具象的形。形之间的群组主要有组合、层次和织体三层意义，视觉元素的群组对于版面层次感的营造是很有效的方式。形本身具有肌理，在版面上运用不同肌理的视觉元素可以形成不同的版面表现。在版面上，实形一般被看作图片、文字等各种视觉元素，是正形；空白一般被理解为版面的背景，是虚形。实形与空白在版面上都具有同等重要的地位。版面能营造出

节奏与韵律，具有反复、条理的形式，能表现艺术美感和情感。版面还可以形成各种动势，设计师要善于处理多个动势并存的版面，使信息内容得到有效传达。

一、构成要素

点

在电子杂志设计中，运用点的构成属性可以创造出各种各样的点造型。点是抽象构成中最基本的形。点在数学的概念中没有形态特征，在版面设计中，点是有形状、有面积的，它具有形状、方向、大小、位置等属性。任何一个单独的细小形象都可以看做点，它可以是一个圆点、一个文字，或者一个铅笔头。点的形状不一定指圆形，它也可以是其他的几何形体或无规则的图形。

点的各种排列能带给人们不一样的心理感受（如图3－1至图3－14）。版面中只有一个点时，可以吸引人的视线，成为视线的集中点，具有求心性和醒目性；版面同时出现两个或两个以上相同大小的点时，两点之间可以感觉到线的连接；版面上的多个点大小不同时，读者会首先注意到大的点，然后

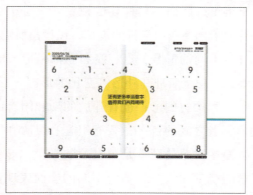

图3－1 《遇》第13期版面中的点。该页主题是"幸运数字"，大小不一的数字在版面中呈散点状排列，让读者思索哪个才是幸运数字

DIANZI ZAZHI SHEJI YU PEISE

逐步向小的点移动视线。点在版面上的有序排列可以表达出平静、稳定的感觉；而将大小不同的点随意放置时，则会有动荡、活泼、欢快的感觉，具有节奏和韵律感。在电子杂志版面中，点、线、面的关系是暂时的、相对的。一般意义上的点总是针对较大的版面空间而言，将版面上的点扩大面积，它就趋向于面的感觉。电子杂志设计中的单纯点构成版面较少，一般是与线、面元素结合起来运用。

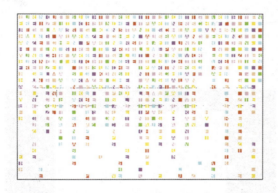

图3-2 《Daheim》第12期版面中的点。不同颜色的字母方块呈点状在版面上进行有序的排列，形成秩序感和稳定感

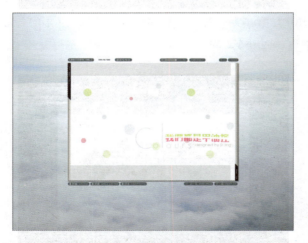

图3-3 《光季吟》第1期版面中的点元素。该版面主题是"我们都是甲油控"，内容与指甲油有关，采用几种色彩小圆点分布在版面上，给人趣味和可爱的感觉

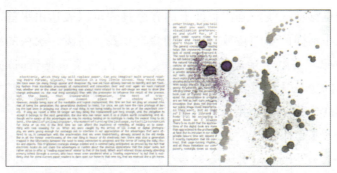

图 3 – 4 《Y Sin Embargo》第 21 期的点元素具有墨渍的肌理感。该期电子杂志的主题是"墨水或链接？"因此墨水点成为整本杂志设计的一个主要视觉元素

图 3 – 5 《MOY》第 16 期版面中的点元素。聚集成倒三角形的点元素包括了各种各样的图形，如小轿车、MP3、云朵、圆形、三角形等

图 3 – 6 《Artz Mania》版面中的点元素。方形小照片作为点元素集中在版面中央，右上角逐渐变小的照片营造出远去的空间感觉

图 3 – 7　《Schön!》第 1 期版面中的点元素。大小不同的圆形点自由分散在版面上，柔和的曲线将它们贯穿起来，形成具有韵律感的动势

图 3 – 8　《WOOF!》第 10 期版面中的点元素。大小不同的圆形点元素进行叠加，有虚有实，形成对比。大圆的面积较大，已经具有面的性质和影响力

图 3 – 9　《澜》第 62 期版面中的圆形点元素

图 3 – 10 《澜》第 62 期版面中的点元素。两条线将方形照片的点元素串联起来，使自由、活泼的点元素得到了牵引和串联

图 3 – 11 《Blanket》第 10 期版面中的点元素

图 3 – 12 《澜》第 65 期版面中的点元素

图 3 – 13 　《Display》第 40 期版面中的点元素。黑色大圆的面积较大，在版面上既具有点元素的活泼性格，又具有面的性质和影响力

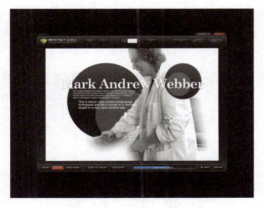

图 3 – 14 　《Artz Mania》版面中的点元素。大圆具有面的性质和作用。在这里，几个圆形将一张照片的版面拉开为几个层次。左边的圆隐藏在人物后面，而右边的圆看上去处于更靠近观者的位置，这样使得版面的空间感和层次感加强了

线

　　线条是版面设计中表现力最丰富的元素，它具有抒情的作用。线对于版面的影响力要大于点。线条可以使版面具有动感和速度感，也可以使版面形成稳定感和整齐感。线有形状、肌理等变化。在形态方面，线有粗细、长短、曲直、弧折的不同；在材质感觉方面，线有软、硬、光滑、粗糙等不同感受。

电子杂志设计中不同的线元素可以表现出不一样的版面风格（如图 3 – 15 至图 3 – 25）。在版面上，直线表示两点之间最短的距离，可以表现简练、单纯、坚硬、庄严的感觉；曲线可以表达流畅、柔软和温和的感受，具有较强的女性特质；折线可以表达辗转和变化。水平方向的线能产生开阔、平静、稳定、无限的感觉；垂直方向的线可以表达出向上、崇高、坚定、抗争的感觉；而斜线则可以表现动势、动荡和不安的感受，富于方向感和速度感。抽象不规则的自由曲线能表达出随意自在；自由而有节奏感的曲线能阐释出抒

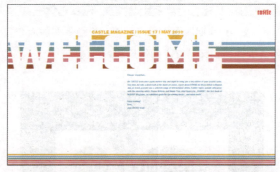

图 3 – 15 《Castle》第 17 期版面中的水平线。水平方向的线能产生平静、稳定、无限的感觉

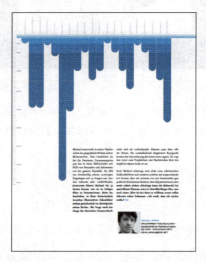

图 3 – 16 《Komma》2009 年 4 月版面中的垂直线，图表中的数值在这里形成长短不一的垂直线，表达出理性。垂直方向的线表达向上、坚定的感觉

情情怀；几何曲线则具有明确、规整和逻辑性，使版面趋向规整。进行电子杂志设计时，设计师可以更多考虑到线对于版面风格的塑造。钢笔的锐利线和毛笔的粗糙毛边线具有不同的视觉感受，书法文字的笔画就是富有变化的线条。线可以界定和分割版面视觉空间，有效地引导读者视线。在版面上，线可以是有形状的视觉形象，作为装饰性元素来构建版面风格，也可以是隐形的网格线。可以看到，线的表现力非常丰富，不同的线能表现出不一样的情感和风格。

图 3 – 17　《Trace》第 84 期版面中的斜线。斜线具有动势、动荡和不安的感觉，富于方向感和速度感

图 3 – 18　《Studio_ 83》第 7 期版面中的曲线

图 3 - 19 《Naked Wales》第 2 期版面中的曲线富有装饰性。文章标题是"爱上图案"。版面设计用满版的曲线图案来表达主题。曲线可以表达流畅、柔软、温和的感觉，富有女性特质

图 3 - 20 《Actitudes》第 21 期版面的曲线。线条纤细，令人感觉繁复而华丽

图 3 - 21 《Publ & MAG》第 14 期版面的波浪曲线。自由而舒展的曲线能表达出抒情感觉

图 3－22　《Publ & MAG》第 14 期版面中的曲线由大量极小的纸片组成

图 3－23　《Trace》第 84 期版面中的折线。折线表达辗转和变化

图 3－24　《鉴赏》第 17 期版面。书法笔画线的变化较为多样

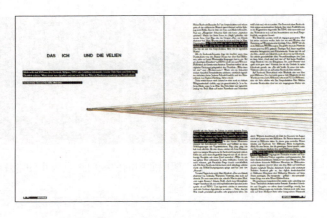

图 3－25 《Fled Hommes》第 1 期版面中的线元素

面

　　与点和线相比，面具有更强的视觉表现力，它的视觉影响力最大。面是构成要素中最富于变化的元素。面包括了点和线，在一些条件变化的情况下，它也可以转化为点和线。面具有大小、形状、肌理等方面的变化，面的形状和边缘对面的表现有很大的影响（如图 3－26 至图 3－32）。面一般可以分为几何形面和自由形面两大类。几何形面具有明快、简洁、规整和秩序的特征；自由形面则具有自由、生机、淳朴和情趣的感觉。方形、圆形、三角形都是几

图 3－26 《Soma》第 15 期版面的硬边方形面，令人感觉稳重、厚实、坚强而深沉，具有男性特征

何形面。方形令人感觉稳重、厚实、坚强而深沉，具有男性特征；圆形可以表现出充实、柔和、圆满的感觉，正如女性的柔和。版面上的正三角形给人以坚固、稳定的感觉，就像金字塔一样；倒三角形展示出活泼、新奇的感觉。电子杂志设计中的面元素具有鲜明的个性，可以只使用一个面元素进行版面构图，也可以使用多个不同类型的面元素进行叠加排列，形成丰富的版面效果。

图3-27　《城市之光》第5、6期合刊版面中的方形面

图3-28　《ELLE CHINA》第4期版面中的圆形面，令人感觉充实、柔和、圆满，像女性的柔和性格

图 3 – 29 《CGArt Style》第 34 期版面中的圆形面。文章强调对国产动画制作的管窥，运用叠加的圆比喻放大镜，同时也是对标题上的小放大镜的呼应，令人想一看究竟

图 3 – 30 《Isee》第 12 期版面。下部水墨效果的毛边形面具有张力

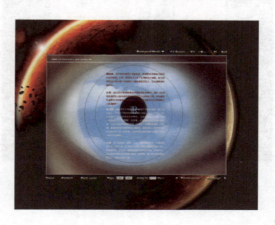

图 3 – 31 《火星 CG》第 55 期版面。运用了柔边的眼睛形状的图像

图 3 – 32 《Studio_ 83》第 7 期版面，多张图像组合成了自由外形的面

点线面结合

在常见的情形中，版面中不会只包含着点、线、面元素，而往往是点线结合、线面结合，以及三者结合的构成形式（如图 3 – 33 至图 3 – 36）。点、线、面的关系并不是绝对的，它们之间的关系可以相互转化，在面对电子杂志版面设计时，要综合看待点、线、面三者之间的关系。电子杂志设计师可以将复杂的视觉元素归纳成点、线、面的基本构成关系，考虑视觉元素之间的力势作用与版面编排。在设计过程中，设计师应尽量理顺视觉元素之间的关系，形成良好的视觉传达过程。

图 3 – 33 《Actitudes》第 21 期版面的点线面结合。不同深浅的蓝色枝蔓构成了线元素，各种服饰构成了点元素，右下角的黑色长方形是面元素。作为背景的曲线元素令人感受到了女性的柔和气质，线上面的服饰点元素成为吸引眼球的个体，整体版面活泼而又不乏优雅、稳重

图 3-34 《Newwebpick》第 26 期的点线面结合。黄色和黑色的圆点、黑色调照片的长方形面与背景的竖向聚拢线形成对比。版面既有竖线的向上感，又有点状的灵活感，还有方形面的稳定感

图 3-35 《H Magazine》第 105 期版面的点线面结合。版面包括人物形状的面，中部两条个性的装饰线，以及左部点状的小照片和数字，具有很强的视觉冲击力

图 3-36 《Canvas》第 5 期版面的点线面结合。右边的曲线形文字组成了一个心形面，与白色圆形共同成为版面的焦点所在。左边的线形文字排列成方形面，整体版面趋于均衡

二、形的变化

点、线、面都是形，都是一种视觉形象。形具有多样的外观形式，不同外观的形可以表达出不一样的感觉和风格。光边的形令人感觉视觉冲击力不大，具有平稳、闭合的感觉；毛边的形视觉冲击力较强，具有力量向四面散布的感觉（如图3－37）；柔边的形往往外形模糊，看上去不太明确，和背景融合在一起，具有暧昧的感觉（如图3－38、图3－39）；感性的形是运用感性方法创造的形（如图3－40），它主要依赖于设计师的主观感受和感性发挥；与感性的形相反，理性的形是运用理性方法创造的形，是通过数学、几何或者其他分析、计算方法得到的形（如图3－41），它更强调理性分析。具

图3－37　《黑孩子》第14期。左下角手绘毛边的形与照片外形的光边形成对比

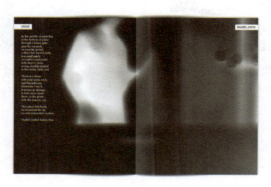

图3－38　《Jetpac Magazine》第1期版面。背景人物是柔边的，是虚形，左边文字段落因此显得更突出

象的形与抽象的形没有完全界限，当具象的形被放大到局部时，就会看起来比较抽象；抽象的形也可以排列组合成具象的形。了解和掌握不同形的表现，可以更好地构建个性的版面风格，传达版面的信息内容。

图 3 – 39　《Artz Mania》版面中的虚形。背景是稍微模糊的虚形，与作为前景的光边照片，形成具有空间感的对比

图 3 – 40　《Y Sin Embargo》第 20 期的感性的形，这个图形像是用毛笔绘制。感性的形主要依赖于设计师的直觉，是一种感性发挥

图 3 – 41　《Komma》第 4 期封底的理性的形，它强调理性的分析

三、群组

群组是设计师运用得较多的一种处理方法。版面上的多个元素不可能单独存在，它们之间存在着相互的关系。视觉要素之间的关系首先是群组关系，

群组是设计师将版面上多个视觉元素组合起来的有效手段，可以组织形成版面织体。群组有组合、层次、织体三层的涵义。版面上有较多的视觉元素时，设计师可以首先做一些局部的组合，接着将组合好的元素再编排成几个大的层次，最后形成版面丰富的织体效果。版面中良好的层次关系对于信息内容的传达是很重要的。在好的版面设计中，各种视觉元素之间的关系清晰，能引导读者顺畅地阅读，它关注的是营造良好的阅读流程，而不是只注意装饰的细节。

组合

组合是对版面上局部的多个视觉要素进行处理和组织的过程。字体组合是一个基本组合方式，在标题设计、文字排版中经常会使用到。字体的组合可以根据主题进行相应的组合变化，如将文字的字体、字号、行距与字距等进行相应的变化和组合。使用轴线是字体组合的常用方法，轴线可以隐藏，也可以作为装饰线条成为组合的一部分（如图3－42、图3－43）。设计师应将文字设计和组合看做电子杂志设计过程中重要的一部分，使标题设计、文字排版达到较好的效果。标题设计是读者对文章的第一印象，应该设计得具有足够的吸引力。运用隐性轴线可以使版面上的文字排版块面化，形成有序的信息传达。

图3－42 《CGArt Style》第33期标题文字的组合。不同字体、大小的文字通过隐形的轴线（图中的红色线）来组织排列，使不同行的文字组合成一个整体，标题外形更为简洁

图3－43 《CGArt Style》第33期标题文字的组合。粗细长短不同的线条与文字组合在一起，线条可以使标题设计更富于装饰性。运用直线使标题显得简洁、大方，成为一个整体

Di-sanzhang Dianzi Zazhi Sheji de Goucheng Yaosu

字体和图形之间的组合是另外一种组合方式，字体可以和抽象图形进行组合，也可以和具象图形进行组合（如图 3-44）。在一些以中国传统文化为内容的标题设计中，图形的选择可以从中国传统图形元素中汲取营养，如云纹、水墨、书法、龙凤纹等，组合后的标题设计既具有传统文化的沉淀感，又具有现代的时尚感。

图 3-44 《CGArt Style》第 33 期标题文字的组合（图中红色线是隐形轴线）。信封、电话、记事本、照相机等表意的图形元素使"通讯员招募"的标题设计看起来更直观

层次

层次是版面中的各种视觉元素因为大小、肌理等因素进行组合与分离，形成的视觉元素群体或者板块。将局部元素组合好后，就可以考虑整个版面的层次划分。层次一般是通过形的不同性质来区分和组合的，无论是文字或图形，都可以将它们划分为不同的层次。当电子杂志版面中的视觉元素较多并且较为复杂时，就可以分析这些元素，将它们组合成不同的群组，形成不同的层次（如图 3-45 至图 3-47）。设计师处理好版面的层次关系，对信息的有效传达是很重要的，层次的处理考验着设计师的能力。层次可以使版面视觉元素的编排条理清楚，使文章的信息内容更有效地传达给读者。一些潮流、个性的电子杂志喜欢使用较多、较复杂的视觉元素来营造版面的潮流与个性，当视觉元素较多时，就可以将它们划分为几个大的层次，使文章的内容不被多样化的设计元素所掩盖，顺利地传达给读者。还可以使用对比等方式使信息内容得到强调，形成既具有丰富的层次效果，又具有良好易读性的版面设计。

图 3 - 45　《Newwebpick》第 15 期版面的层次。最底层是杂志的背景插画。页面版面有两个层次：作为页面背景的人物、空间环境与作为前景的文字层

图 3 - 46　《Street》第 11 期版面的层次。乍一看版面中的视觉元素似乎挺多，其实这些视觉元素被归纳为两个层次：左边深色的黑红对比色块和右边浅色的灰色块。右边浅色灰色块上面的文字和左边深色色块看上去处于同一个层次

图 3 - 47　《CGArt Style》第 33 期版面的层次。该版面的设计元素较多，但其实是三个层次。背景是布满不同字体、大小的各种文字和不同肌理设计元素的深灰色块，中间的黑色色块在背景层的上面，黑色色块上的白色段落文字在最前面的层次

Di-sanzhang Dianzi Zazhi Sheji de Goucheng Yaosu

织体

　　织体是整个版面上各种视觉要素之间的关系。织体直接体现了这个版面的风格，当各种视觉元素被处理、组合起来，形成不同的层次放置在版面上时，就形成了具有一定风格倾向的丰富织体。织体包括了多个层次，而层次中则包含了多个视觉元素（如图3－48、图3－49）。电子杂志设计师应该掌握好版面中较多视觉元素的加法与减法，对这些视觉元素进行必要的增加和删减。加减法可以理顺版面的层次，达到适合的版面风格。

　　图3－48　《Display》第23期版面设计。版面右部和上部是各种柔边、毛边的图形融合在一起，形成非常丰富的层次效果，但这些图形统一在一个范围内，左下部留出空白，放置文字

　　图3－49　《Street》第11期版面设计。版面上有各种照片元素和其他元素，层次非常丰富。背景是多层半透明照片叠加，其上是照片堆叠层，再其上是左边的白底文字和右边的文字段落，最上面是左边的人物。由于背景层统一在深灰色调，其他几层元素安排在版面左部和中部，所以右部的段落文字仍然具有较强的易读性

DIANZI ZAZHI SHEJI YU PEISE

四、肌理

视觉元素都具有粗细、质感等肌理变化，组合的形也可以看作是一组组形态不同的肌理。在电子杂志版面排版中，设计师可以将版面上的各种元素排列成深浅不同的组合肌理，以此来理解版面的肌理关系，在整体上把握版面的肌理分布（如图 3 – 50 至图 3 – 52）。

图 3 – 50　《Y Sin Embargo》第 21 期的做旧感点状肌理。大字母和背景均具有刻意做旧的点状肌理，有怀旧的感觉

图 3 – 51　《Publ & MAG》第 14 期版面的点状肌理。背景中深浅不同的点不仅构成了点状肌理，也形成了数字，与前景无肌理的白色长方形面形成肌理对比

文字其实也是一种肌理。不同文字的字体、字号、行距和字距可以形成不同层次的灰度肌理，文字段落本身具有明度层次，将文字作为肌理来理解，有助于设计师重视文字段落在版面中的重要性，仅仅将文字看成是信息内容

图 3 – 52　《Bak》第 14 期版面。人物由各种枪械组成富有机
械感的肌理，电子杂志背景则是木板的纹理

的承载体是不对的（如图 3 – 53、图 3 – 54）。图形也可以看做肌理去分析。
在电子杂志版面设计中，多样的图形元素往往让人觉得眼花缭乱，其实不管
是单个图形，还是组合图形，都构成了一组组不一样的肌理。肌理对比是版
面设计重要的表现手段，不同肌理之间的对比能使版面呈现出很强的视觉冲
击力。

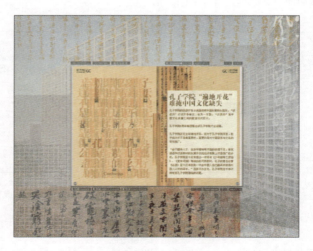

图 3 – 53　《观瓷》第 4 期版面的肌理。不同疏密、字体的文字可
以构建出不同的肌理感觉

图 3 - 54 《Artz Mania》版面的肌理。木刻形式的文字构成了肌理

五、实形与空白

　　适度的留白能产生虚实的效果，可以用正负形的关系来理解。一般情况下，人在阅读时只对版面上的深色区域感兴趣，认为那是应该看的部分。我们常常把图片、文字、色彩等视觉元素当作实体，而它们的组合所产生的留白就是虚体。实形与空白具有同等重要的位置，两者可以互相衬托，无论忽视哪个部分都是不可取的。实形与空白具有不可分割的紧密关系，只有将两者的地位放在同一个层次上，才能设计好版面（如图 3 - 55、图 3 - 56）。设计师在编排时进行巧妙的留白，能很好地突出和强化主体，引导视线的注意，增加版面的层次感。设计师要重视空白区域的经营，将实体和空白看做是一个整体。空白是非常重要的，读者在高关注度的阅读之后，隔一段时间会需要休息和缓冲，这时候应有一个版面大量留白，让读者的眼睛得到暂时休息。版面上留白的多少也能形成节奏，如几页视觉元素较多、编排密集的页面，接着是大量留白的一个页面，读者在这里会感受到明显的阅读节奏。

Di-sanzhang Dianzi Zazhi Sheji de Goucheng Yaosu

图 3 – 55　《SNGUO》第 13 期的版面设计。实形和空白的面积大致相同，毛边边缘使两者之间有一定的融合性

图 3 – 56　《Canvas》第 5 期版面设计。线条状粗细不同的文字像是被刷子刷出来的。大面积的版面空白很好地突出和强化了主体

六、节奏与韵律

节奏是根据一定的条理、秩序甚至不断重复连续而形成的。版面上视觉元素的编排节奏可以形成反复感与秩序感，既可以形成柔和的节奏感，也可以形成强烈的节奏感。节奏与韵律来源于日常生活，我们可以将音乐节拍的长短、快慢按照一定规律出现的现象看做是节奏。在节奏中表达出情感因素和美学因素，就形成了韵律。韵律可以形成渐大、渐小、渐长、渐短、渐明、渐暗、渐快、渐慢等秩序效果。在实际运用中，版面使用韵律来表现出秩序、规律（如图 3 – 57 至图 3 – 60）。

图 3 - 57 《Trace》第 84 期版面设计。该版面的背景文字形成有规律的粗细规律变化。单位内的图形具有规律的变化，版面获得有节奏的韵律感

图 3 - 58 《Newwebpick》第 22 期。页面右边的字母和下面长竖线形成错落有致的节奏感，左边最上面一行文字倾斜，下面的横排文字也长短有致，整个版面形成了明快的节奏感

图 3 - 59 《NORD》第 7 期版面设计。右边插画呈现出同形不同色的韵律感

图 3 – 60 《Iniciativa Colecbiva》第 15 期版面设计。"OCTOBER 09"的期号被复制成四行，彩色字母的移动变化形成了节奏。另外，下部三角形的大小变化也有节奏感

七、动势

版面中"力"的产生，来源于自然的启发，以及人的心理领域。物理领域的力是地球引力所形成的一种自然的现象，精神领域的力则来源于人们过去生活得来的经验。版面中的力量感觉因为这两种原因而形成，它是视觉元素编排对人的心理产生的一种暗示。由于点、线、面、体的形状不同，大小和方向不同，它们组合的形式也不同，这样就能够产生不同心理力场的空间。版面上的力场是人们对其视觉元素和版式设计的一种心理联想。不同形状的视觉元素可以给予人们不一样的心理暗示和情感感受，在版面中构建不同力场的空间。

动势主要有流动力、张力和重力三种形式。流动力指视觉元素自身向一定方向进行伸展运动的视觉效果。张力是视觉元素在版面中由于自身的形体造型形成向外扩散的力量。重力则指版面上的视觉元素由于形状、大小、肌理、色彩等原因，所产生的轻重、前后的力量感觉（图 3 – 61 至图 3 – 63）。电子杂志设计师在进行动势设计时，要注意多个动势同时并列的版面处理，一个版面中可以强化主导性的动势，其他可以处理成辅助动势。另外，设计师要注意主要动势的设计和版面所传达的主要内容结合起来，使读者能注意到主要的信息内容。

图 3 – 61 《睿翼人生》第 5 期版面设计。由于页面背景图像的引导和编排设计，版面具有向右的动势

图 3 – 62 《Hompar 上海》第 4 期封面设计。展现出来的动势既有透视感，又有向左下角运动的方向性

图 3 – 63 《Y Sin Embargo》第 19 期封面设计。具有透视感的图像和文字展现了放射状的扩张力

第四章

电子杂志的编排设计

电子杂志包含着多种媒体元素，具有新颖的展现形式。多媒体互动杂志的多媒体和互动效果使电子杂志的设计不能忽视动画、互动设计，但就电子杂志的静态版面而言，设计师应注意版面的视觉流程与编排设计方法的运用。视觉元素排列在一个版面时，它们之间存在着隐性流程，这种流程是人的一种心理反应，可以对版面虚拟空间产生影响。不同的视觉流程可以给予读者特殊的心理暗示和情感感受，在版面中构建不一样的空间。理性和感性的编排设计都是平面版面必不可少的方法。历史上曾经发展出两类主要版式设计方法：一类倾向于感性设计，认为设计师的直觉判断力是版面设计的依据；另一类则注重理性分析，认为数学和几何学知识能使版面设计展现出条理和严谨。在版面设计中，这两种方法不能被严格区分，它们各有其优势，经常作为互补的设计手法被运用于实际设计当中。电子杂志的静态版面设计应该掌握两种版式设计方法的优势和不足，根据杂志理念、当期设计主题与文章内容来综合运用。设计师既要掌握理性的编排方法，又要加强对各种视觉要素的感性判断能力，这样才能设计出富有个性风格的电子杂志。

一、编排设计的视觉流程

版面的视觉流程是视线在版面空间的运动，也就是人的视线随着版面的各个视觉元素沿一定轨迹进行移动的过程。好的视觉流程可以引导读者的视线，指引读者进行主次分明、条理清晰的流畅阅读。视觉流程可以说是一种生理和心理的感受，这种流程看似不重要，其实对版面空间效果有着较强的影响。设计师常常忽略了版面中的视觉流程。视觉流程虽然是隐性的，却是版面的内在主线。设计师应该关注内在主线的构建，良好的内在主线可以使读者视线进行预期的流动，使各元素联系起来。掌握视觉流程知识对于版面编排设计有重要作用，如不同的视觉流程带来不一样的版面风格，重要的内容放置在最佳视觉区域，信息放置在版面不同位置将有怎样的感受等。

方向关系视觉流程

方向关系视觉流程具有一致、明确的表达效果。有固定的方向和动势，读者视线将依据其方向进行移动，根据不同的方向形成不一样的心理感受。方向关系视觉流程分为单向视觉流程、曲线视觉流程和回旋视觉流程三类。

单向视觉流程是人的视线随着视觉元素的方向进行运动的视觉流程。单向视觉流程可以表达出简洁、有力的视觉效果，方向性强，主要有横向、竖向和斜向三种视觉流程。横向视觉流程具有稳定、恬静、安详的感觉（如图4－1）。竖向视觉流程具有坚定、直观、沉稳的感觉（如图4－2）。斜向视觉流程则具有不稳定、活泼的感觉，相对于前两者更具动势，更能引起读者的注意（如图4－3）。

图4－1 《Blanket》第10期版面的横向视觉流程。横向视觉流程具有恬静、稳定、安详的感觉，大部分版面使用这种排列方式，便于读者的阅读需求

DIANZI ZAZHI SHEJI YU PEISE

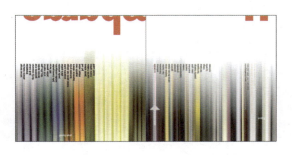

图4－2 《Y Sin Embargo》第21期版面的竖向视觉流程。
竖向视觉流程具有直观、坚定、沉稳的感觉

图4－3 《Display》第28期的斜向视觉流程。斜向视觉流程能引起
注意力，有不稳定和活泼感。在这里，各种3D物体交织在一起形
成倒三角形指向左下角的人物，引导读者视线移向人物

　　曲线视觉流程是人的视线随着视觉元素的弧线、曲线进行运动的视觉流程。由于版面中有曲线的形式，所以具有节奏与韵律的感觉，弧线形式具有饱满的视觉效果。曲线视觉流程主要有"C"形和"S"形弧线（如图4－4、图4－5）。曲线视觉流程比单向视觉流程显得复杂，可以在版面构建一定的空间深度。包含曲线视觉流程的版面可以表达出含蓄、柔和的感觉。

　　回旋视觉流程是视线随着视觉元素的回旋形成迂回运动的视觉流程。在回旋视觉流程中，人的视线随着元素进行运动，最后有一个回转的过程。回旋视觉流程可以产生一种空间的运动力量，可以表达出扩张、膨胀的视觉感受。

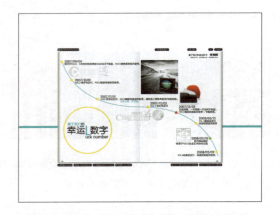

图4-4 《遇》第13期版面的曲线视觉流程。曲线流程具有节奏感、饱满感、扩张感、韵律感和曲线美。该版面用一条曲线来说明《遇》电子杂志的历程，曲线上的点代表对于杂志来说具有纪念意义的时间和事件

图4-5 《Blanket》第15期版面的"C"形曲线视觉流程。小女孩和信封的大小变化形成了空间的深度感

反复视觉流程

反复视觉流程是使用相同或相似的视觉元素进行有秩序、有规律、有节奏的逐次运动所带来的视觉流程。反复视觉流程具有重复感，可以形成相同或者类似视觉元素的节奏。这种节奏富于韵律的美感，可以吸引人的注意力（如图4-6、图4-7）。

DIANZI ZAZHI SHEJI YU PEISE

图 4 – 6 《Iniciativa Colectiva》第 10 期版面的反复视觉流程。介绍艺术赛事与展览活动，用相同的黄色图形作有秩序的反复排列，形成理性的节奏感

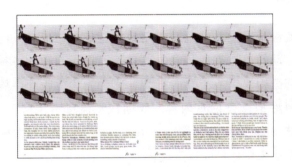

图 4 – 7 《Pop Magazine》第 12 期版面的反复视觉流程。将同样大小的滑雪运动分解动作照片，按顺序排列成理性、秩序的效果，形成一种类似元素的逐次运动。反复视觉流程的视觉冲击并不是很强烈，但富有节奏和韵律的美感

重心视觉流程

重心视觉流程是由视觉心理重心所引起的视觉流程。重心视觉流程可以引导版面的信息，使主要信息鲜明突出（如图 4 – 8）。各种视觉元素编排在版面上可以形成一定的力，这些力是人对版面元素的一种心理感受。从视觉习惯来看，人首先会关注版面的重心，然后沿视觉元素的方向与力度趋势来移动视线。重心视觉流程还包括了离心、向心的视线运动。

图 4 – 8 《Castle》第 16 期版面。左边的插图偏重，通过文字段落偏右的处理，使版面趋于平衡

导向视觉流程

导向视觉流程是通过具有诱导作用的视觉元素，引导人的视线向一定方向或位置进行运动的视觉流程。导向视觉流程将版面中的各种视觉元素联系起来，为信息阅读构建了一个导向行为。读者能够被版面中构建的导向视觉流程所引导，更好地阅读信息内容。导向视觉流程有手势导向、视线导向、文字导向等方法（如图 4 – 9、图 4 – 10）。可以运用版面中模特的手势、视线，以及其他方法来构建导向视觉流程。

图 4 – 9 《Newwebpick》第 22 期的手势和视线导向。前景人物的左手和背景手绘雨伞巧妙地重合在一起，与背景其他手绘的雷雨、闪电构成一幅幽默的画面。人物的视线和手势引导读者观看，领会其幽默感

图4－10 《Newwebpick》第15期的视线导向。书页中的模特竟然拿着一个画框，画框中的头像看向画面右边，与版面的曲线线条构成一致的视觉引导。曲线线条将版面中各种视觉元素串联了起来

散点视觉流程

散点视觉流程指版面中各种视觉元素的自由、分散状态。图与图、图与文字的自由分散放置强调设计师的主观感受，注重自由、随机和偶然的版面空间运动感觉（如图4－11、图4－12）。散点视觉流程打破了固有设计手法的限制，主要依据设计师的主观判断来安排视觉元素，版面效果让人觉得随意、轻松，可以表现出个性、新奇与趣味的版面风格。

图4－11 《NORD》第7期版面的散点视觉流程。版面中图与图、图与文字之间是自由分散的，感觉随意而轻松

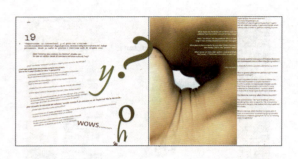

图 4 – 12 《Y Sin Embargo》第 19 期版面的散点视觉流程。
自由、随机和偶然的版面空间运动

最佳视觉区域

最佳视觉区域是版面中人的注视率较高的位置，一般位于版面中部或中部偏上。设计师经常将最重要的信息放置在最佳视觉区域，使重要信息能够首先获得读者的注意。如果重要信息放置在过于偏僻的边角，则很难引起读者的足够注意，除非使用非常巧妙的设计手法。在编排设计时，视觉信息放置在版面的不同位置会表达出不一样的感受。视觉信息放置在版面上部，能给人轻快、向上、高昂、积极的感觉（如图 4 – 13）。放置在版面下部，可以表达出稳定、限制、压抑、消沉的感受（如图 4 – 14）。放置在版面左侧，给人轻便、舒展、活力的感觉。放置在版面右侧，给人庄重、紧张、局限的感受。

图 4 – 13 《Viziomag》第 3 期版面设计。文字、图形等元素安排在版面上半部分，具有飘浮、轻快、向上、积极的感觉

图4-14 《Face》第2期版面设计。文字、图形等元素主要在版面下半部分，有压抑、限制、沉重、沉稳的感觉

二、感性的编排设计方法

对称

对称是版面设计中最重要的设计原则。对称可以看作等形等量的编排设计方法，可以轻而易举使版面达到平衡、稳定的感觉。不少欧洲的古典书籍都是运用对称的形式进行设计。对称是将文字、图形等视觉元素在版面上根据一根中轴线呈左右或者上下对称编排。对称有完全对称和相对对称两种。完全对称指版面上视觉元素的绝对对称排列；相对对称则指版面中的主要视觉元素使用对称的方式排列，局部视觉元素运用不对称的方式来编排，形成对称中隐藏着不对称的版面，版面效果显得更为活泼、灵活（如图4-15至图4-20）。在设计对称形式时，设计师要关注轴线的设置。轴线在对称的编排上起着很重要的作用，设计师注意到各个视觉元素到轴线的距离，使其形成对称的形式。对称的编排方法可以达到平衡、稳定、古典的版面效果，当设计师需要此类版面时，对称是一个很好的选择。相对对称的方式一般运用得较多，它可以表现出稳定中有些活泼的感受。

图 4 - 15 《InterPhoto 印象》第 47 期版面的对称。页面是以中轴线为中心的左右对称图案。背景图像遵循均衡原则

图 4 - 16 《鉴赏》第 2 期版面的对称。拉开的门、透视消失的城墙、下部的五张小图像形成对称，展现出稳定、古典的版面风格。背景图遵循均衡原则

图 4 - 17 《Daheim》第 12 期版面是以水平中轴线为中心的上下对称

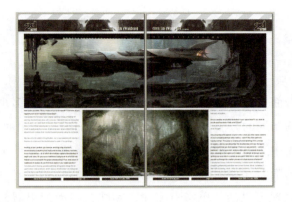

图 4 - 18 《2D Artist》第 38 期版面是以垂直中轴线为中心的左右对称

图 4 - 19 《Newwebpick》第 21 期版面的对称。页面是以左右对称，背景图遵循均衡原则

图 4 - 20 《澜》第 62 期版面的对称

均衡

均衡是在版面上按照各种视觉要素的形状大小、数量多少和重量大小等关系来进行均衡布局的方法。均衡是电子杂志版面编排常用的一种设计方法，是一种在不平衡中追求平衡的设计方法，运用均衡编排设计可以得到等量不等形的有变化的版面（如图 4–21 至图 4–26）。在编排设计的运用上，均衡比对称的形式表现更灵活，更富有变化、趣味，版面效果看起来更生动。均衡包括大小均衡、位置均衡、色调均衡、肌理均衡等。大小均衡指视觉元素在版面中的大小关系的均衡；位置均衡指视觉元素在版面中的位置关系上的

图 4–21 《Publ & MAG》第 14 期版面的均衡。版面左部的大字号"06"数字、大尺寸背景图像、中部偏左的标题与版面右部的小图片、两段文字形成均衡的构图

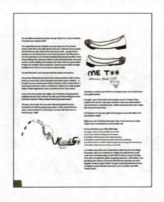

图 4–22 《Lab》第 2 期版面的均衡。右边的插图和文字似乎比左边的重一些，在左下角加上绿灰色小方块，达到均衡关系

均衡；色调均衡指运用不同的色彩搭配成的既对比又调和的均衡色调；肌理均衡指运用不同的肌理来构成均衡肌理。均衡主要通过对版面中不同视觉要素的主次关系与强弱关系的协调，来达成最终版面的稳定感与平衡感。

图 4－23　《Bak》第 14 期版面。左边的白色文字块稍小，但结合两个大大的"2"数字，以及标题的部分白色块偏左，整个版面形成均衡的构图

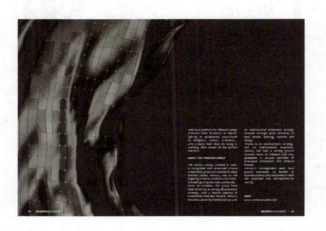

图 4－24　《WOOF!》第 10 期版面的均衡。左边大面积的深灰色丝绸织物隐藏在黑色背景中，虽然面积大却并没有那么重，右边两小块文字的白色很鲜明，利用杠杆原理，版面趋于均衡

图 4–25 《Castle》第 16 期版面的均衡

图 4–26 《Display》第 23 期版面的均衡。右边的人物图像、右下角的缩略
小图与左边的文字、其他设计元素形成均衡的效果

对比与调和

对比是将具有对比感觉的视觉元素放置在一个版面的设计方法。对比是一种在平衡中求取不平衡的设计方法。视觉元素的大小、多少等性质都是相对比而言的，对比将视觉形象的差异强调出来，各种元素通过比较才能留下鲜明的视觉印象。形的对比指形的方圆、大小、曲直等对比；色的对比指色彩的明度、纯度、色相的对比；质的对比指对象的柔软与坚硬、粗糙与细腻、

透明与不透明等对比；量的对比指视觉元素数量的多与少的对比；空间对比指对象的远近、虚实等对比；时间对比指对象的动与静等对比。电子杂志版面中的对比关系并不是单一的，往往多种对比关系并存在同一个版面，设计师要注意突出主要元素的对比，减弱次要元素对比，使电子杂志的版面避免杂乱，将信息内容顺利传达给读者。

　　调和是在两个或两个以上的视觉元素之间探寻两者所具有的共同性质，运用相同、近似的设计手法，使版面形成调和与统一的效果。版面如果一味强调对比，就会使版面过于喧闹、杂乱。运用调和手法可以使版面呈现出既对比又调和的效果，达到一种既活泼、自由，又稳定、统一的版面感觉。在编排运用中，对比与调和应放在一起考虑，以对比为主的编排设计要注意对比中应该有调和，反过来，以调和为主的编排设计也要考虑到对比，这样才能形成既统一又有变化的整体效果。对比与调和是电子杂志版面较为常见的编排设计方法（如图4-27至图4-32）。

图4-27　《PocoZine》第8期。两张白纸构成了形的大小对比，大白纸上面还有些错落排列的照片，这些小方形照片是一种呼应和调和，丰富了版面效果。背景较高纯度的蓝色调与页面低纯度灰色调形成对比

图4-28　《火星CG》第55期。背景的圆形球体与页面的长方形形成了形的方圆对比。杂志背景的球体实形与页面背景的大部分虚形、页面前景的实形文字形成了对比

图 4 – 29　《Fled Hommes》第 1 期版面中形的对比与调和

图 4 – 30　《Naked Wales》的文字大小对比。大号的"1947"被极小的左下角段落文字衬托得更大，突出了这个年份——印度独立年的重要性。"4"旁边的一小行竖向文字和左下角段落文字相呼应，有调和的作用

图 4 – 31　《Isee》第 12 期。文字大小对比。文字的光边与其背景图像的毛边、柔边的对比

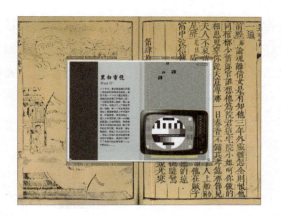

图 4 – 32　《观瓷》第 3 期版面的肌理对比。页面左边的深灰色方形和右边的浅灰色
方形都有杂点肌理，很好地表达了黑白电视的显示感觉，两者有呼应和调和的感觉。
它与中部正文文字的无肌理形成对比。背景泛黄的纸张与页面的肌理也形成了对比

自由

　　自由是对版面视觉元素进行没有规则编排的设计方法。自由是设计师表
达个人主观情感和强烈个性的方法，它的版式排列取决于设计师的直观感觉
与主观判断（如图 4 – 33 至图 4 – 38）。自由编排方法可以适当关注版面中设
计元素、文字之间的呼应关系与力势趋向，形成一定的视线导向。运用自由

图 4 – 33　《Y Sin Embargo》第 20 期版面的自由设计。文字以不同大小、不同
斜度、不同长短自由地排列在版面上，没有网格的限制。版面既具有很强的主
观个性，元素之间又有紧密的呼应关系，搭配、编排非常巧妙，各种力势趋于
稳定，形成一个整体

的编排方法，要善于将视觉元素的层次处理好，避免版面过于杂乱，尽量使信息内容得到很好的传达。自由的版面编排具有新鲜感和创意感，一般为潮流、青年、艺术、设计等电子杂志采用，适合突出个性，表现出青春、非主流的版面感觉。自由的版面编排还具有现代感，也被时尚类电子杂志所运用，强调感性，表现一种时尚、现代、自由自在的版面风格。

图 4 – 34　《Y Sin Embargo》第 19 期版面的自由设计。版面元素以横向视觉流程居多，较为自由地放置在版面上，版面具有聚散变化

图 4 – 35　《Publ & MAG》第 14 期版面的自由设计。版面上所有元素的放置取决于设计师的直观感觉，元素之间有一定的呼应

图 4 – 36　《GizMag》第 7 期的版面。手绘元素使版面显示出自由、轻松的状态

图 4 – 37 《Hompar 上海》第 4 期版面设计。多种化妆品、文字与人物照片等视觉元素自由地放置在版面上，显得活泼、自然。这也是时尚类产品喜欢使用的版面设计方法

图 4 – 38 《黑孩子》第 14 期版面的自由设计。文字和图片呈不同角度、不同大小自由放置在版面上，依据设计师的主观感受与判断，各个元素的编排既令人感觉自由，元素之间又具有很强的内在联系与呼应，各种力势达到均衡

感性编排设计的步骤

感性编排设计的方法和步骤并不是绝对的，不同的设计步骤有时同时进行，或者顺序相反，主要依据电子杂志设计师对版面文章的理解和把握。感性的版面编排主要依据设计师的主观感受，但设计过程中也包含着理性的分析和思考。

确定版面的信息主次关系与风格倾向

设计师要将各种视觉元素的主次关系区分好，才能对版面有整体的把握。设计时，要将各种视觉元素分成不同的层次和群组，将这些信息组织成既简洁又有层次感，主要信息突出的版面效果。要考虑版面的基本风格倾向，如对称版面具有古典、平衡、稳定的视觉效果；现代主义的版面显得层次清楚、版面简洁；后现代主义的版面则倾向自由化、装饰化。要根据电子杂志的文章主题，确定版面的基本风格趋向，做到心中有数。在接下来的设计过程中，无论是版面编排，还是设计元素的加减，都要尽量靠近这种风格趋向。

绘制版面设计草稿

用速写本或设计本设计出各个版面的设计小稿。设计小稿可以帮助设计师理顺思维，设计出富有创意的版面。如果一上来就直接用软件制作，容易陷入想法不明确、浪费时间的局面。根据确立的版面风格，进行大体的版面要素的组织与编排。色彩的搭配可以用文字标在页面上。

插图的绘制、文字设计和素材的准备

根据设计稿绘制插图，插图的风格应与确立的版面风格趋向相一致。插图在版面上的作用很大，它的风格可以在很大程度影响到整个版面的风格。所以，插图绘制是版面设计的重要部分。插图既要符合版面的风格倾向，又要适当表现出文章的内容。标题文字、图形化文字和其他特殊需求的文字都需要根据版面风格倾向设计好。标题文字的设计既要考虑到版面风格，又要考虑到标题内容的信息传达，还要准备好相应的设计素材。

正式编排设计和调整

根据设计草稿进行正式版面编排设计。在设计过程中，可以适当进行元素的增减，使最后的效果更符合预期的版面风格。从整体上对版面中的各种视觉元素进行调整，可以进一步明确主要和次要层次的关系，强化版面的主要视觉信息，使版面最终达到预期效果。

三、理性的编排设计方法

网格设计是理性的编排设计方法，主要适用于杂志、书籍、报纸等连续性比较强的设计。网格设计可以使视觉元素之间形成秩序性、规范性，是实现信息有效传达的良好方式。网格设计为信息量大、样式复杂的版面带来了约束和规矩，使版面显得严谨而统一，既具有理性、条理的感觉，又具有一定变化。瑞士著名设计师约瑟夫·米勒·勃洛克曼在《图形艺术家及其设计问题》中认为，网格编排这一方法论在版式设计中具有非常明显的优越性，其最大特点是通过网格把杂乱无章的图片秩序化，使版面的图片、文字相互协调，既统一又有变化，运用起来快捷有效。对于电子杂志这类需要排版几十页甚至上百页的版式设计来说，运用网格系统可以使其变得工整而美观。

运用网格设计有一些优点。网格为多页数、多主题的电子杂志提供了重复使用的方便性。杂志需要网格的辅助，杂志的出刊周期短、页数多、信息量大，而版面风格要求多样化，不同期的杂志又要有一定的连续性。使用网格可以使杂志设计过程连贯而有变化，最基本的设计元素可以保留，同时，也使杂志的不同期数保持视觉上的延续性。另外，同一篇文章的几页版面可以运用同一网格。基本元素是系列风格近似的元素，而其他元素则可以添加或减少。这样就使同一篇文章的版面风格明确，也大大节约了设计时间。

网格设计也有一些缺点。网格设计的方形面表现出理性化、男性化的特征，缺乏曲线、圆形和不规则形状面的女性化、随意的风格。网格的限制有不自由的意思。运用单一网格，很容易形成单调、生硬、拘谨的版面印象。所以，理性的网格设计需要和多种感性编排方法结合起来，要有"破格"设计，综合运用多种网格，才能形成既有条理、又有变化的版面编排。

网格设计的方法

网格设计体系是重要的设计方法之一，被印刷书籍、杂志、报纸大量使用（如图 4 – 39 至图 4 – 41）。埃及人最早将网格运用到设计中，之后，网格逐渐成为构建完美"黄金分割"比例的工具。从 20 世纪 20 年代开始，一群设计师开始提出运用网格来进行设计。后来，瑞士巴赛尔美术学院的权威埃米尔·鲁德尔教授和他的学生们经过长期实践，使网格设计形成了理论。

图 4－39　人与黄金分割的比例。柯布西埃运用人的比例，
分析黄金分割长方形的组合关系

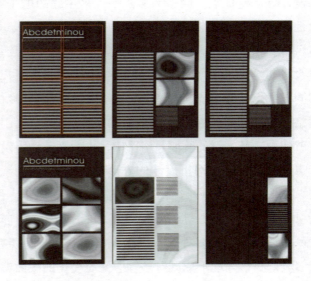

图 4－40　印刷版面常用网格一（图中红色线是隐形的网格）。16 开版面上竖向双栏与横向四栏的网格。横向第一栏设置为留白，下面三栏可以放置文字、图片等视觉元素进行编排变化。竖向的栏可以进一步一分为二进行更灵活编排。字体主要分为标题、正文与注释三种形式

图4-41　印刷版面常用网格二（图中红色线是隐形的网格）。
16开版面上竖向的双栏半与横向四栏的网格

　　网格是安排均匀的水平线与垂直线的网状物。网格设计指先设计好均匀间距排列的水平线与垂直线的网状格子，根据形式法则，合理地放置图片、文字等视觉元素的设计方法。网格是一种规律的、快捷的设计方法，对版面编排有重要的作用。对于电子杂志的多页面排版来说，网格设计可以简化大量的排版工作，节约大量时间（如图4-42至图4-45）。

　　网格的基本形式是由垂直线和水平线划分形成的等面积区域和间隔。垂直的区域是栏，在垂直的栏上作水平线划分，就形成了网格式结构。栏限制了每行文字的长度，确定栏的数目时要注意读者的需求，避免读者来回频繁换行而产生的视觉疲劳。也要适当考虑分栏以避免版面文字排版的单调感。确定基本网格形式后，还可以依据具体情况进一步平均等分，以得到更灵活的版面变化。

图4-42 《Corduroy Lines》第9期版面的网格设计（图中红色线是隐形的网格）。采用竖向三栏、横向三栏的网格，左右两页的网格一样。图片和文字严格配置于网格内，形成理性、秩序又相对灵活的视觉效果。少数图片采取"破格"设计，使版面富有变化

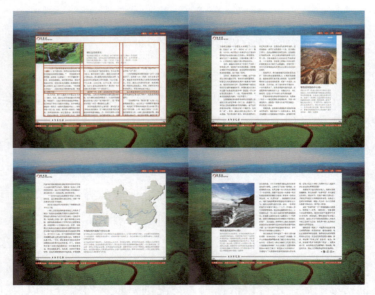

图4-43 《中国国家地理》第581期的网格设计（图中红色线是隐形的网格），采用竖向三栏、横向三栏的网格

图4－44　《中国汽车画报》第39期的网格设计（图中红色线是隐形的网格）。网格使版面具有理性，能够有效地传达版面信息

图4－45　《Blanket》第15期版面设计。对于推介新书、工作室作品、赛事展览等需要罗列信息的版面，网格有着很大的作用。它可以使信息条理化，一目了然，读者可以思维清晰地查找所需的信息

网格设计的种类

网格设计可以分为对称式网格设计、不对称式网格设计、模块网格设计和复合网格设计四种，不同种类的网格设计具有不一样的表现形式。对称式网格设计使左、右两页看起来就像镜像一样。左、右两页的外留白都相同，页码是对称的，给读者带来条理分明、严谨、理性的感觉。文字一般不采用居中对齐，而采用左对齐、右对齐、上对齐或者下对齐，这样整齐的版面就有了活跃因素。不对称式网格设计的空白是有一定作用的留白，留白既给予了版面透气感，又带来灵活、轻松的感觉。模块网格设计是将文字、图片等视觉元素剪成大样，再将这些不同的模块排在版面上。模块化的照相机排版曾经被报纸大量运用，它的效率很高，节约了大量排版的时间和精力。复合网格设计是将前三种网格进行综合运用的方法。相对于单一网格来说，复合网格更具有变化性，更符合电子杂志版面风格多样化的需求。

网格设计的造型手段

网格设计的造型手段有组合网格、水平（跨页）网格、垂直网格和成角网格四种。组合网格是将各种视觉元素进行有目的性的组合、对齐，形成理性化的网格感觉。水平（跨页）网格是将双页的各种视觉元素如文字、图像、线条等进行水平线的流向处理，进行跨页设计，产生水平运动的趋势，表现出平静、宽阔的效果。垂直网格可以表达崇高的视觉感受，但版面的竖排版一般使用得并不多。成角网格（如图 4-46）以 45°居多，适合表现汽车等具

图 4-46 《Studio_ 83》第 6 期版面。部分版面运用成角网格，形成一定的动势。文字与图形运用装饰直线呼应起来，形成拉力与切割关系，使版面显得活泼

有动感的版面内容，是一个具有动感和方向感的网格形式。由于网格在方形版面中倾斜放置，所以，需要将视觉元素的尺寸缩小才能放置进去。

网格设计的"破格"

网格的运用虽然有一定的优势，特别对大批量页面排版具有不可取代的作用，但网格的缺点还是很明显的。在网格体系的运用中，不能古板地绝对服从网格，如果设计师不知道灵活和变化，版面就会显得拘谨，缺乏新意。这对于强调新奇、活泼的电子杂志来说是不好的。电子杂志的版面可以运用网格设计来简化批量排版工作，但同时也要看到网格设计的不足之处。杂志需要多样化的风格，一本杂志甚至可以使用十几个不同的网格形式，根据情况做一些"破格"设计，使版面既具有条理性，又显得活泼。也可以搭配自由型版面设计，使页面设计具有变化，带来新意（如图4－47、图4－48）。网格的应用要与设计师的视觉经验结合在一起，而不是只按照网格来排列视觉元素和信息内容。网格可以随着信息内容的不同进行不同的组合，只有创造性地运用网格系统，才能使网格设计体现出一定的灵活性与新奇感。

图4－47 《Bak》第14期的网格设计。严谨的网格体系使版面信息显得理性而内敛，便于读者阅读信息。局部的"破格"设计使版面更富有变化，更显活泼感

运用软件进行网格体系的版面设计，可以更方便地进行多种尝试。如将两种网格结合起来使用，或者在网格系统中的某些版面中运用感性的"破格"设计，都是不错的选择。网格设计可以简化电子杂志多页面排版工作，使文字和图片信息有序化、条理化，但这并不意味着网格不可突破，相反，理性

的网格体系需要和感性版式设计方法有机地结合起来，才能设计出更具创意的电子杂志。在电子杂志中，构建网格只是一种手段，一种使版面信息逻辑化的手段。设计师要善于运用网格设计的优势，结合感性编排设计方法，才能创造出更富有个性的杂志版面风格，使读者感觉到设计的新意。

图4-48 《Pop Magazine》第12期的网格设计。部分文字和图片采取了"破格"的形式，如对称、自由的设计手法，使版面更具有灵活性与活泼感，同时也更具趣味

网格设计的一般步骤

在网格系统中，隐形的网格线条只是其中一部分，字体、图片的运用也应该是网格系统的组成部分之一，这些元素与网格的一致性，有助于强化网格设计的视觉印象。网格设计的步骤顺序并不是绝对的，可以根据实际情况调整（如图4-49、图4-50）。

图4-49 《H Magazine》第105期版面设计。由于网格具有理性、条理的版面特征，文字采用左对齐或右对齐可以产生参差不齐的效果，使版面具有一些变化

图 4 - 50 《Daheim》第 12 期版面设计。除了网格以外，堆积木似的插画风格也是版面风格统一的重要元素。该插画运用相同和近似图形堆砌成不同的类似城堡的形状，版面风格不仅非常一致，而且也显得有所变化

根据主题确定版面率

在传统印刷书籍设计时，要考虑其版面率。版面率指文字内容在版面中占据的比率，版面的文字内容多则版面率高。一般来说，版面率低、文字少的版面显得豪华、大气。在设计时，可以根据电子杂志的定位和文章的字数进行版面率的粗略估计，并不是低版面率就好。文字内容较多时，可以将其中一部分文字用按钮链接、下拉滑块的形式隐藏起来，使图像面积增大，版面变得简洁。但是，如果文字信息很重要、很专业，就要考虑将大部分文字信息放在第一版，使读者第一时间阅读文章。如果互动层数过多，读者可能不会点击阅读，甚至失去阅读耐性。

进行网格编排的草图设计

在这里，可以首先用速写本或设计本绘制各个版面的设计小稿。根据电子杂志版面主题，大致确定版心、网格数量和排列，以及视觉元素在各个版面的大体排列形式。电子杂志的版面风格多样，可以根据不同栏目设计多个网格样式，另外，还可以划出一些页面运用感性编排设计方法来设计。

首先确定版心。在书籍设计中，网格的边框称为版心。网格的边框一般主要界定正文，在跨页编排中，常有图片超出了网格边框，设计师要考虑到网格主要限制文字的特性。其次，确定该版面网格的数目。网格的不同数目

可以形成不一样的版面风格，电子杂志设计师在考虑网格的数目时，不仅要符合人们一般的阅读习惯，还要考虑该文章的版面风格。电子杂志的设计师要根据页面大小、文章内容的多少、插图大小等多个方面来综合考虑版面上竖栏的数量和长短。竖栏可以是单栏、双栏或者多栏，可以是整栏或者半栏。再确定横栏的大小、数量，将竖栏进行两分、三分或者多分，就形成了网格。

插图绘制、标题设计和素材的准备

在电子杂志的排版前，可以先将需要的插图绘制好，所需要的标题文字也要先设计好。插图可以帮助读者理解内容，装饰版面。电子杂志的文章标题一般有主标题、副标题和小标题几个类别。主标题是文章的正标题。副标题指附加在主标题下的文字。小标题是文章各个段落的分标题。设计师要将各类标题的文字大小和设计结合起来考虑，装饰图形也可以和标题很好地结合。还要依据版面风格准备足够的设计素材，以备正式设计时使用。

绘制网格，进行版面编排设计和调整

根据设计草稿将网格绘制出来，填入各种视觉要素。字体的大小、轻重以及它们作为一种肌理来表达版面风格都是很有效的，要注意文字的设计和表现。在多页设计中，标题的层级化一定要明确。在电子杂志的设计过程中，可以根据实际情况调整原有的设计草图方案，使其更好地表现版面主题文章。在初步设计后，可以根据文章版面主题进行进一步调整，使最后的版面效果更好。

四、电子杂志设计的风格化

电子杂志设计和一般书籍设计不同，它必须具备独特的杂志个性理念，具有独特杂志风格的电子杂志才能具备延续的生命力。电子杂志的设计必须独具风格，虽然根据每期的主题做出有新意的设计创意，但杂志的个性风格需要树立并延续下去，只有这样，电子杂志才具有很强的生命力，留住读者

群。电子杂志设计和书籍设计的不同还在于，书籍设计是一种风格贯穿到底，而电子杂志为了激发读者的新鲜感和好奇心理，同一期的杂志可以采取对比较为明显的风格来进行不同栏目或文章的版式设计，但是应注意的是，这些对比较大的风格仍然能让读者感觉到是基于同一理念设计的（如图4－51至图4－55）。

图4－51　《Newwebpick》第15期《ReD52＋》一文的版面风格。该文介绍"ReD52＋"这个设计师和零售商的联盟，在设计上突出"＋"这个元素，和主题一致。运用小点连成的线，将版面上的各种元素灵活地串联起来，既表达了这个联盟将设计师和读者串联在一起的含义，又可以引导读者视线，使版面元素相连接。"＋"元素、曲线和矢量人物插画在版面上反复运用，使版面相互呼应，形成了灵活、个性的版面风格。首页的"ReD52＋Chapter one the beginning"设计成方形的图形样式，末页的"Chapter one The end"风格与其呼应，提示文章的开始和结束

　　所以，电子杂志必须具备独特的杂志个性理念，单篇文章所包含几个页面的设计风格要一致，杂志的不同栏目或不同文章可以采取延续性的风格设计，也可以采用对比较大的风格设计，但必须基于同一杂志理念。电子杂志独特的风格可以运用文字的独特排版建立起来，也可以运用风格独特的图形

图4－52　《观瓷》第2期《野孩子》一文的版面风格。该文的内容是关于童年的记忆，在那个年代生活在乡村的孩子，玩的花样是现今大城市孩子所不了解的。版面运用了近似孩童的天真浪漫来进行设计，打破了一般传统设计框架。"捉迷藏"的标题被一条粗线遮住了，像是人蒙住了眼睛在捉迷藏，其他标题采用了任意粗细的笔画来突显孩子的天真感。倾斜的段落排列、或长或短的字行、随意的涂鸦，这些都构成了天真浪漫的版面风格，令人感到有趣，并追忆童年

图4－53　《Blanket》第15期对该期封面插画作者"Will Bryant"采访文章的版面风格。版面运用同一网格设计，采用类似风格的插画，标题和引言也是同一风格的五彩手写字体。这几页版面风格独特，有很高的辨识度

元素来树立，还可以使用具有个性风格的多媒体元素来建立或强化。设计师需要基于杂志品牌和设计理念逐渐累积这种独特的视觉印象，在每期的新设计上逐步完善杂志风格，才能使这种风格不断发展和成熟。

图4－54　《Bak》第14期的版面设计。运用同一网格体系和不同位置、色彩的方形引言形式，形成既有连贯性、又有变化的独特版面风格

图4－55　《黑孩子》第14期"中间两天：张北荒漠音乐节"一文的版面风格。大气的方形面、鲜明的红色调、个性的浅黄灰色手绘的毛边形面，以及自由的感性设计手法，都是该文章的版面风格特征。该文运用具有类似特征的设计元素，使几页版面显得既有连续性，又富有变化

五、中国古典元素的应用

电子杂志版面可以适当使用带有民族风格的视觉元素，使读者感受到浓郁的文化气息。在电子杂志设计中，有些文章的内容与中国传统文化有关，这时使用一些中国古典元素，可以使版面增添文化内涵感，更具深意。个别电子杂志本身的理念就是展示中国文化，如《鉴赏》、《观瓷》，版面上会出

现不同年代的中国文化元素作为设计元素，可以表达出版面的中国古典风格或中国文化风格（如图4-56至图4-58）。

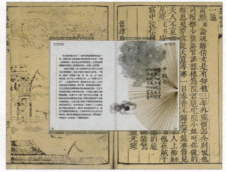

图4-56 《鉴赏》第1期的中国古籍版面。局部运用了中国古籍的版面形式，和版面主题相契合

图4-57 《观瓷》第3期的中国元素。水墨画和书法的运用，使版面平添了几许中国意味

图4-58 《黑孩子》第14期"雅安，一场中式旅行"一文的中国文化元素。水墨效果、竖排文字和中式建筑线描稿，都烘托出雅安这个地方浓浓的中国文化味

第五章

多媒体互动杂志的动画、音频与互动设计

　　设计师设计多媒体互动杂志时，需要注意视觉和听觉元素的结合设计。良好的动画视觉和听觉流程设计可以有效地吸引读者阅读，突出主要内容，引导信息传递。PDF 电子杂志和传统杂志的版面类似，考虑静态版面的视觉流程即可，个别 PDF 杂志自带背景音乐，但其背景音乐比较简单。多媒体互动杂志则包含了动画、音乐、视频等多种媒体元素，既有平面版面设计，又有动画设计、音频设计和互动设计，后三者往往结合在一起，构成多媒体互动杂志独特的视听感受。当多种媒体元素并置时，如果不进行规划和设计，过多的动画、音乐元素和互动效果会使多媒体互动杂志显得杂乱，反而阻碍了信息内容的传递。所以在设计多媒体互动杂志时，设计师需要考虑视觉与听觉的有效结合，从而更好地传达信息内容。设计师应结合相关的镜头和接镜技巧、音乐节奏和声画关系来考虑这部分设计。在多媒体互动杂志中合理设计其动画、音频和互动内容，可以提升读者的阅读兴趣，使读者阅读顺畅，避免杂乱的动画或音频效果影响阅读。

一、视觉与听觉的关系

　　视觉与听觉是人最重要的两种感觉，它们是相互补充的。光线在视网膜上成像，传输到大脑，就在脑海里产生了视觉。而声音通过外耳、鼓膜震动、内耳等部分，传输到大脑，就产生了听觉。视觉与听觉具有不同的特性。眼

Di-wuzhang Duomeiti Hudong Zazhi de Donghua Yinpin yu Hudong Sheji

睛具有选择的能力，可以对所看到的事物进行选择；耳朵却接收所有听到的声音。眼睛不能看到面前全角度的事物，只能看到大约120°以内的范围；耳朵却可以听到全部角度的声音。视觉具有联觉的特性，在特定的情况下，可以与听觉的感受相互转换。在认识事物的过程中，视觉与听觉相互补充，相互作用，在脑海里形成立体的视听形象。视觉与听觉的结合可以给予人更丰富的感受和体验，能够传递多层次、多维的信息内容。

多媒体互动杂志改变了传统阅读过程只有视觉而没有听觉的方式，增加了听觉元素，视觉元素与听觉元素一起构建了整个版面，两者在阅读过程中相互补充，传递版面信息。例如，《PocoZine》的背景音乐一般使用优美、知性、悠扬的钢琴曲，读者一边阅读精彩的文章，一般聆听知性、优雅的钢琴曲，两种感觉可以互为烘托，互相增强。《鉴赏》的背景音乐一般是偏向中国古典感的音乐，该电子杂志的古典风格既通过视觉形式展示出来，也通过听觉元素得到呼应和增强。

二、多媒体互动杂志的动画设计

多媒体互动杂志与传统杂志相比，其优势之一就是拥有动画。动画是利用人的视觉暂留特点，快速播放的连续运动变化的图形或图像，它也包括四面的缩放、旋转、变换、淡入淡出等特殊效果。动画令人感觉生动而形象，可以使平淡的静态页面变得生动起来，还可以将抽象的内容形象化，使一些文章的内容变得活泼而有趣。多媒体互动杂志的动画设计如果仅仅是乱动、随意动，缺乏良好的运镜技巧和镜头组接，将很难准确的传达深层次的涵义。动画设计需要规划其视觉流程，动态中的视觉元素可以引导读者的视线，表现信息内容，突出重点，使读者的阅读过程流畅、有序，富有吸引力。

多媒体互动杂志的动画片头和影片有很大差异，它没有影片复杂的剧情。多媒体互动杂志的动画片头设计应该短小精悍，用极短的时间来展示文章的风格、情绪或精髓含义，使读者快速理解文章的大概内容。多媒体互动杂志的动画设计应该干净利索，用吸引人的视觉节奏和旋律表达富有意味的内涵。

动画设计如果拖沓，时间过长，读者就会失去等待的耐心，跳过去看下一页；动画设计如果缺乏吸引力，节奏过于缓慢，反而会降低读者对该篇文章的预期期望。设计师应该从整体来认真规划。如果在一个版面中，几个部分都有动画，就应该将整个版面合起来考虑，规划一个时间范围内的主要动画在哪个部分，避免一开始各个部分都在动，那样，读者就不知道该注意哪部分信息了。多媒体互动杂志的动画视觉流程设计要考虑基本的镜头角度、运镜技巧，以及镜头切换和剪辑等内容，运用相应的镜头技巧来表达深层次的内容。

镜头角度

多媒体互动杂志的动画设计一般运用静态照片来设计成富有含义的动画，照片的角度也就是动画的角度。取景的角度不同，带来的主观感受也不一样，镜头的表现效果是由不同的镜头拍摄位置所决定的。镜头的角度一般有五种：水平视角、仰视、俯视、鸟瞰和倾斜镜头（如图5-1至图5-5）。

图5-1　《PocoZine》第66期的水平视角看起来比较客观、平等

水平视角可以表现比较客观的视觉画面，是一种中性化的镜头。画面中的角色或对象与读者的视点平齐，表现了一种平等的感觉，可以使读者带着客观、平等的心理状态去看待画面。仰视镜头是人以低处作为视觉出发点向上看的画面。画面中的对象令人感觉很强大，而对象周围的环境和背景看起来就不重要了。仰视镜头适合表现竞争中强势的一面、庞大建筑物的气势，以及带有明显优越感的对象等。俯视镜头是人在正常的情况下，从上往下看

图 5 – 2 《InterPhoto 印象》第 53 期的仰视镜头可以表现对象的强大力量

图 5 – 3 《家庭医生》第 42 期的俯视镜头，画面中对象显得弱小

图 5 – 4 《中国国家地理》第 581 期的鸟瞰镜头，表现壮观的山川田野景色

图 5 – 5 《中国汽车画报》第 33 期的倾斜镜头，有不稳定、不确定的感觉

的方式。俯视的人带着很强的心理优势，而画面中的对象就相对显得比较弱小了。鸟瞰镜头是一种运用天空中飞鸟的视觉角度来观察地面的画面效果。一般可以表现全面的城市概况、广阔的山川风景等，展示出带有宏观意义的画面。倾斜镜头的画面看上去是歪斜的，可以表现不稳定、不确定的心理感受。倾斜镜头的主观性很强，画面的心理运动方向是下滑的，可以表现即将到来的危机，也能表现独特的个性画面。

景别

景别是被拍摄的对象在镜头画面中所占据的范围。画面景框以内的主体形象都可以叫做"景"，如人物、动物、景物等。画面的景别主要取决于摄影机与主体之间的距离，以及使用的镜头焦距长短。不同景别的画面有不同的叙事能力，可以产生不一样的心理感受。景别越大，环境因素的影响越多；景别越小，强调的感觉就越强。景别一般分为远景、全景、中景、近景、特写五大类别（如图 5 – 6 至图 5 – 11）。

远景是表现环境全貌的画面。它展示出人物及其周围广阔的空间环境、自然景色。它可以展示人物、事件所处的环境，可以运用环境的作用来渲染气氛，抒发情感，也可以表现一些群众活动的大范围场面。全景是表现人的全身人像或者一个场景全貌的画面。它可以展现人物的全身范围，让观众看

图 5 – 6 《PocoZine》第 66 期动画的远景景别。运用远景画面来交代环境，大海、沙滩一望无际，湛蓝的天空中飘过朵朵白云，从这个远景画面能看出环境美好，令人愉快，很好地烘托了"夏天，就得这样游乐"的文章主题

图 5 – 7 《SNGUO》第 13 期动画的远景景别。本页是编辑问答页，信件的出现在这里被设计成一个动画。开始从画面左边跳出三只可爱的小动物，一只动物发现了摇动的杠杆，拔出信箱后信箱打开，从里面飘出一张信纸并展开。远景景别在这里既能展示环境，又给小动物的动作提供了活动空间

清楚人物的动作，以及人物和环境之间的关系。全景是一场戏的总角度，影响着分切镜头的影调、色调、人物调度的衔接等。中景是包括人物的 1/2 或者 2/3 的景框画面，有的画面主要表现人物上半身的动作，有的画面则包括到人物的膝盖。中景可以表现角色的情绪和动作，使人物有一定的动作活动

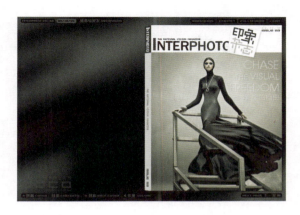

图 5 - 8 《InterPhoto 印象》第 53 期的全景景别，展现了全身人像，让读者了解到模特与环境的关系

图 5 - 9 《PocoZine》第 66 期的中景景别，模特的动作和表情一目了然

空间。近景是表现人物胸部以上的画面，着重表现人物的面部表情、情绪和心理状态。特写是表现人物肩部以上的头像或者微小细节的画面。特写可以表达人物的细微表情，占据了画面的大部分范围。特写大大缩短了日常生活中眼睛与主体之间的习惯距离，带有明显的强调和放大，可以引导观众注意到主体的细节部分。

图 5－10　《瑞丽妆》第 44 期动画的近景景别，表现模特的面部表情

图 5－11　《InterPhoto 印象》第 53 期动画的特写，用于表现文章《爱不饰守》的核心主体物——首饰

固定摄影和运动摄影

　　固定摄影是在拍摄一个镜头时，摄影机的机位和机身处于固定的、不变的状态。动画片中的固定摄影表现为景框的范围没有发生变化。景框内的内容可以是静态的，也可以是动态的，它的画面可以是单构图的形式，也可以是多构图的形式。运动摄影是相对于固定摄影而言的。运动摄影也叫做"移动摄影"，摄影机在推、拉、摇、移、跟、升降、旋转和晃动等不同形式的运

动中进行拍摄。在动画中，景框的运动形式是对影视镜头运动的一种模拟。使用相关软件对运动镜头进行模拟，可以产生类似镜头运动的动画效果。如图 5 - 12 所示。

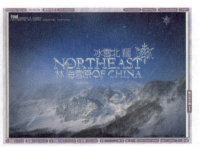

图 5 - 12　《PocoZine》第 60 期片头动画的固定镜头。这篇《林海雪原冰雪北疆》的片头动画的第一个镜头就是固定摄影。在这个镜头中，从景框下面升起一片云雾，空中飘着雨雪，文章标题在画面中间显示，停留一段时间后，标题向景框左边飘走，至此，景框范围始终没有变化

推镜头

推镜头简称"推"，指摄影机沿光轴的方向向前移动进行拍摄。推镜头时，主体人物的位置固定，摄影机由远至近逐渐推向主体人物，使观众有视线向前移动的感觉（如图 5 - 13）。推镜头也可以展现运动着的人的主观视线效果。推镜头可以突出主体人物，展示主体人物的细节，使所拍摄的主体人物从画面中突显。在推镜头中，画面景别不断地发生变化，主体形象在画面中由小逐渐变大。推镜头还可以表现主体人物动作的变化，可以从动作逐渐推向人物的面部表情，表现人物的心理状态。推镜头可以分为快速推镜头和慢速推镜头。快速

推镜头可以表现强烈的情感变化，使画面氛围突然发生变化。慢速推镜头是匀速、平稳的推动镜头，一般可以表现寻找、逐步了解的过程。

图 5-13　《飙》第 1 期的推镜头。镜头推向对象，对象由小变大。在 Flash 动画技术上其实是一张背景图片由小变大，在视觉上产生了推镜头的效果

拉镜头

　　拉镜头简称"拉"，它的运动方式和推镜头正好相反，是摄影机沿光轴方向向后移动拍摄的过程。拉镜头可以表现逐渐远离主体人物，或者从一个对象到多个对象的画面（如图 5-14）。在拉镜头中，观众的视线感觉向后移动，观众与主体人物之间逐渐产生了距离感，这种感觉与推镜头正好相反。在拉镜头中，主体人物的位置是固定的，摄影机从近处向远处逐渐移动，可以展示更大的空间环境，在一个镜头里表现主体与环境的关系，也可以表现渐渐远去的视线效果。拉镜头也有快慢的区分，快速的拉镜头令人感觉力量感很强，有较强的表现力。慢速的拉镜头则更带有叙述的感觉。

图 5-14　《瑞丽裳》第 30 期的拉镜头。随着画面的由近至远，读者可以看到更丰富的画面，感觉离读者更远

摇镜头

摇镜头简称"摇"，是在拍摄过程中，摄影机的位置不变，机身做上下、左右、旋转等方向的运动。镜头摇动的方向可以与主体人物的运动方向相同，也可以与其运动方向相反，可以表现出逐步展示或者巡视环境的画面效果（如图 5-15、图 5-16）。摇镜头时，摄影机的位置是不变的，机身则进行不同方向的摇动拍摄。摇镜头还可以表现主体人物在动态中的表情、情绪和内心，并且表达出画面的气氛。摇镜头还可以表现出从一个关注点到另一个关注点的运动过程，往往形成开始和结束两个固定的画面，这两个固定画面可以当作固定摄影来对待。摇镜头有几种不同方向的运动形式，如横摇、直摇等。在直摇和横摇中，摄影机都是在不变的位置上。横摇是摄影机以中心点作为纵轴向左边或者向右边摇动，形成景框在水平方向上的移动。直摇则是以摄影机中心点作为横轴，摄影机像抬头或者点头一样地向上或者向下摇动。

图 5-15　《瑞丽裳》第 44 期的摇镜头。镜头一直从上面往下直摇，在第 3 幅画面成为固定镜头时，出现一支魔棒划出绚丽光芒，自行车把手上的提袋里面出现了一本杂志，这就是该期杂志的虚拟形式，看上去和真的印刷杂志一样。点击杂志图标就可以在电脑上展开该期互动杂志

图 5 – 16 《中国国家地理》第 581 期的摇镜头，镜头从左向右横摇，使右边的环境得以更多展示。

甩镜头

甩镜头又称"闪摇镜头"，是一种速度极快的摇摄镜头。摄影机在落幅时快速地从一个场景甩出，切入第二个镜头，就像从第一个场景直接甩到第二个场景一样。甩镜头的时候，画面在短暂的时间里显得很模糊，等待镜头稳定的时候就出现了新的画面（如图 5 – 17）。甩镜头有多种甩的形式，如，从

图 5 – 17 《Inter Photo 印象》第 53 期动画的镜头运用。开始画面渐显，并运用拉镜头。第 2、3、4 幅画面时镜头固定，随着布满乌云的背景中透出隐隐闪烁的闪电，文字以多种动画的形式飘至景框右部中间。第 5 幅画面时，人物和文字分别向景框左、右两边快速运动，画面模糊，出现下一幅画面，类似甩镜头。第 6 幅是经过多幅画面切换后的最终画面。

一个画面甩到另一个画面，左右方向的甩动，上下方向的甩动，只有起始画面的甩动，旋转的甩动等。甩镜头可以表现出画面的情景突然变化为同一时间的另外的场景剧情，表现出空间和情景的快速变化。甩镜头还可以模拟主体人物的主观感受，表现头晕、目眩等画面效果。

移镜头

移镜头又称"移动摄影"，是摄影机在水平面上进行不同方向的移动所得到的画面。在移镜头中，摄影机的位置有了变化，它在地面上进行纵向、横向、绕圈或者斜线等方向的运动。移镜头可以表达主体人物在运动中的主观视线，也可以表达特殊的想法。移镜头一般需要专用的设备进行拍摄，动画设计中的移镜头则是对其画面效果的一种模拟。如果主体人物是静止不动的，移动拍摄可以表现出展示的画面效果；如果主体人物在运动着，移动拍摄就可以产生跟随的画面效果。在跟移镜头中，摄影机与主体人物是同时运动的状态，主体人物在画面中的位置大致不变，而画面的背景则因为两者的运动而不断发生变化，这种技巧可以展示出环境的变化。

升降镜头

升降镜头简称"升降"，一般要使用专业的机器臂，使摄影机进行前后、上下、左右等方向的移动。升镜头是摄影机从地面向上方升起，在升起的过程中，画面的视角发生了变化，可以对环境和场景进行多角度的展现。升降镜头是一种多视点的场景表现方法，可以展示出环境和场景的多样化视觉感受。

运动透视

运动摄影就会产生运动的透视。在动画设计时，我们可以利用背景的运动来表现出主体对象的运动。即使主体对象不动，将对象放在移动的背景前面，对象就有了运动的错觉感。模拟运动镜头的画面时，应该根据画面中的景物和对象离虚拟镜头的距离来设置它的运动速度。如果都是一个速度运动，就不能形成合理的运动透视关系。一般来说，在横向运动时，近处景物的位置移动要速度快、距离大，远处景物的位置移动则相对来说速度慢、距离小。

在进行动画设计时，如果想通过移动背景来模拟运动镜头，那么近景和远景的位置移动速度、距离应该有一些差别，这样才会显得更加真实。

接镜技巧

动画是由一个个镜头组合、连接而成的。不仅动画片头具有接镜技巧，在多媒体互动杂志中，作为内容的图片动画也经常运用多种接镜方式，使其和动画片头看上去浑然一体，形成一个整体。作为杂志内容的图片以动画形式呈现，自然比静态表现的效果更具有情景性。将镜头画面组织好，使镜头和镜头之间连接自然，就要考虑到接镜技巧，接镜一般有直截了当式、淡入或淡出式、融入式和遮罩式几种接镜方法（如图 5 - 18、图 5 - 19）。

图 5 - 18 《InterPhoto 印象》第 50 期动画设计，将作为多媒体互动杂志内容的图片运用接镜技巧进行连接，与其动画片头结合为一体。第 1 幅图是动画片头的结束画面，第 2 幅图则从全黑逐渐显现，采用淡入式接镜。第 3 幅图是融入式接镜，可以看出一图在消失，另一图在逐渐显现。第 4～6 幅图则明显看出是遮罩式接镜，镜头画面从左下角的小点逐渐扩张到整个屏幕

直截了当式接镜是直接转入下一个镜头画面，令观者感觉节奏明快。淡入或淡出式接镜可以使镜头画面之间出现过渡的效果，画面切换有柔和、自然的感觉。它可以表现时空感，使读者的视觉获得短暂休息。淡入是画面从全黑屏幕中逐渐显现出来的一种效果，常用在一个镜头或者一段动画开始的时候。淡出是画面在屏幕中逐渐隐去变成全黑的一种效果。与淡入相反，淡出常用在一个镜头或者动画结束的时候。融入式接镜是当一个镜头画面变化成另一个镜头画面时，上一个画面从完全可见逐渐变成透明，下一个画面从完全不可见到逐渐可见。遮罩式接镜是从全黑的画面开始，画面中出现一个亮点，这个亮点呈圆形或其他形状扩大，接着下一个画面就出现在扩大的区域中，最后扩大到整个屏幕。

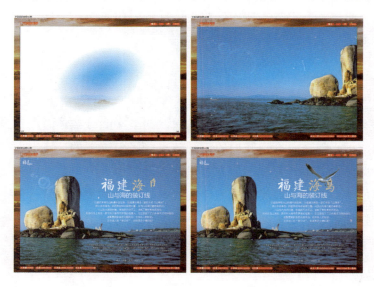

图 5 - 19　《中国国家地理》第 582 期动画设计以遮罩式接镜开始，如第 1 幅图、第 2 幅图是固定镜头，一只小船从左向右驶入画面，接着一个横摇镜头，至第 3 幅图，画面又成为静止镜头，一只海鸟从右上角飞入画面，静止在"海鸟"两个字的位置，如第 4 幅图

镜头组接与蒙太奇

镜头画面之间的连接要平稳、自然，要有很好的连贯性。蒙太奇是法语"Montage"的音译，原指建筑上的搭配和构成，用于电影方面有剪辑和组合

之意。按照情节的发展，蒙太奇可以将一个个镜头画面连接起来，使它们具有一定的节奏，并且合乎情节的逻辑。这些连接起来的画面可以表现出情境的发展。蒙太奇手法也被动画设计所借鉴和运用，一些整页的 Flash 广告、片头动画设计，以及独立的动画小故事就要考虑到镜头的运用和连接。印刷杂志缺乏动态的情景展示和视听结合的表现手段，相对显得被动，读者是否阅读杂志文章取决于杂志的品牌忠实度和文章的内容、版面设计及关键词是否符合读者需要。而包含动画的多媒体互动杂志则相对具有更多的主动吸引力，杂志的动画设计出色，往往会吸引读者阅读文章。多媒体互动杂志的动画设计有一定的场景、镜头和情节，设计师要考虑到将视听相结合，运用相关的运镜技巧，将镜头富有节奏地连接起来，这对于版面文章的情节或主题表达是极有裨益的。

节奏

节奏对于动画设计来说非常重要。松散的节奏会分散读者的注意力，消解读者的阅读兴趣，而恰到好处的动画节奏会吸引读者的注意，引导其阅读下去。在阅读过程中，紧凑的节奏能引起读者兴趣，但是节奏一直过快会使读者觉得疲惫；适当的舒缓节奏能使读者得到暂时的视觉休息，但是节奏一直过慢会使读者逐渐失去阅读的兴趣。多媒体互动杂志设计师要把握好动画设计的节奏，使其为杂志的内容传递所服务。

三、多媒体互动杂志的音频设计

音频既可以传播信息，又可以带来艺术的感受。视听艺术的结合，使多媒体互动杂志具有更丰富的表现力，可以更为真实地表现现实。音频设计是多媒体互动杂志设计的一个很重要的环节，它可以烘托环境气氛，表现情感，表达设计师的个性化风格，阐述版面的主题。音频可以配合版面的视觉元素来展现文章内容，促进信息内容的传达。音频丰富了多媒体互动杂志的组成元素，将杂志带入声画结合的新领域，使杂志具有了新的发展潜力，也使音频媒体艺术有了更广阔的表现空间。音频是多媒体互动杂志区别于传统杂志的部分。多媒体互动杂志版面中包含了丰富的音频元素，这与传统杂志有很大不同，传统杂志是纯视觉艺术，而多媒体互动杂志则是视听结合的艺术形式。但是，音频本身并不是主导元素，音频设计应该用于表现版面文章内容，以传播文章信息内容为目的。音频应该作为版面视觉的深化与延伸，和版面视觉设计融为一体，以传递文章信息内容为主要目的。

在多媒体互动杂志中，声音元素具有多种表现形式，有背景音乐、主题音乐、音效和人声等，还可以对其进行画内音和画外音的区分。背景音乐有营造阅读氛围、表达杂志整体风格的作用；主题音乐可以表现文章的主题、主旨和风格；按钮音效具有提示读者点击的作用；动画中的音效可以使动画具有更强的场景感与现实感，使动画富有真实的魅力。在音频设计中，整体音乐风格要符合该期杂志的理念，视觉元素与听觉元素相结合，综合考虑进行设计。好的音频设计可以建立良好的听觉印象，好的听觉流程可以辅助视觉版面传达信息，表现立体的版面氛围，表达更深层次的涵义和审美趣味，使读者得到更切实的阅读体会。多媒体互动杂志的听觉流程要进行整体设计，避免背景音乐和其他音频的重叠和干扰，既要避免使用过于激烈的音乐，又要有一定的节奏起伏感。

音频的作用

多媒体互动杂志中的音频运用不同于影视剧，它没有影视剧完整、复杂的故事剧情，它的时长并不太长，可以表现出一定的情境。作为背景音乐时，音频可以烘托、渲染杂志的阅读气氛，表现杂志的个性化风格。在动画设计时，音频可以表现版面主题，辅助文章内容的传播。

首先，音频增加了版面的信息量。音频包含着信息，它可以辅助版面，也可以传达与版面不同的信息。声画结合使杂志的信息量丰富了很多，传统阅读只有视觉信息，现在还包含了听觉信息。其次，音频增强了动画设计的节奏。音频可以使动画设计节奏明确。音频可以作为结构主线，动画设计围绕它展开，也可以围绕动画来设计音频。音频使动画设计的镜头连接、镜头转换更加自然，节奏更加明快。第三，音频使版面具有视觉与听觉的立体表现。音频使多媒体互动杂志的版面具有三维纵深感和立体感，使展现的版面具有视觉与听觉双重表现，更容易引起读者的兴趣。音频使视觉版面在空间上有深度的延伸，形成了立体的空间表现。第四，音频加强了版面的叙事性与情景性。在多媒体互动杂志中，音频有叙事的功能，像视频中的语言、旁白可以直接叙事。主题音乐也可以强化版面的故事性与情景性。

多媒体互动杂志中的音频

背景音乐

背景音乐是阅读一本电子杂志时，作为背景烘托阅读氛围的音乐或歌曲。个别 PDF 电子杂志也设置了背景音乐，打开杂志后可以提示播放，但背景音乐还是以多媒体互动杂志运用得更多。背景音乐的主要作用是掩盖噪音，并创造出一种适合阅读的氛围。背景音乐的选用以符合多媒体互动杂志理念，不影响读者阅读版面信息为原则。背景音乐的选择应和该期多媒体互动杂志的主题结合起来，以表现出杂志不同期的主题风格倾向。另外，同一本杂志的背景与主题音乐应避免选择几首不谐调的音乐拼凑在一起，要注意杂志整体风格的连贯性。有的多媒体互动杂志放置两三首背景音乐供读者选择，具有一定的灵活性（如图 5 - 20）。

图 5 - 20 《Display》第 42 期的背景音乐有两首，读者点击阅读工具栏的"背景音乐"按钮后，就弹出滑动的菜单，里面包含着两首歌曲，点击选择，就可以听到所选歌曲的背景音乐。读者还可以通过"调节音量"的按钮来调整背景音乐的音量大小

《瑞丽裳》、《瑞丽妆》一般选用节奏轻快、时尚感强的年轻女歌手的歌曲为背景音乐，如《瑞丽裳》第41、44期，《瑞丽妆》第44期（如图5－21），这些背景音乐或可爱、或柔情，总体感觉上明快新颖，使杂志上的年轻模特更具立体感、真实感，很好地表达了该电子杂志年轻时尚的定位。杂志内页包含着该期背景音乐的推荐版面。《鉴赏》的背景音乐一般选用带有中国古典感的音乐，如第1、2期，主旋律的乐器选用琵琶等古典乐器，表达了该电子杂志鉴赏中国古玩的主要文章内容和杂志定位。《PocoZine》一般使用优美、知性、悠扬的钢琴曲作为背景音乐，如第60、62、64、66期，杂志的不同期使用同种风格的钢琴曲可以有效传达电子杂志的定位，符合年轻的办公室读者群的阅读兴趣，给人以风格连贯的感觉。

图5－21　《瑞丽妆》第44期的背景音乐是韩国组合Brown eyed girls演唱的《怎么办》，轻快活泼的曲风、可爱的味道，非常适合瑞丽电子杂志的风格。一般在杂志内页包含着该期背景音乐专辑的推荐，版面右上角即背景音乐的介绍内容

主题音乐

主题音乐是表达多媒体互动杂志某个栏目、文章或特定版面的主题思想的音乐。主题音乐以音乐的方式表达栏目、文章主旨，或者某个版面主题风格，它的曲调风格与所表现的特定栏目、文章和版面主题有很大关系，它与动画视觉元素相辅相成，与静态版面风格相协调（如图5－22）。主题音乐可以同时诠释文章的主题内容，使读者在阅读文章时加深对信息内容的理解和认识。

图 5 – 22 《InterPhoto 印象》第 59 期的"读城：阳光罗曼蒂克 佩皮尼昂"一文，开始从全黑屏幕逐渐显现充满阳光感的佩皮尼昂城市景色，在动画设计方面，旋转的阳光光圈突出了该城市的光感；在主体音乐方面，采用了一首具有欢庆感觉的法文歌曲，节奏明快，表达了这个被称为法国浪漫根源城市的独特魅力

　　《InterPhoto 印象》第 53 期的"悦读：巡航冒险与光荣的时代"一文（如图 5 – 23），文章介绍奥德赛、麦哲伦航海纪、郑和全传等内容，该文的主体音乐富于冒险精神，仿佛国外大片里船只正在大海中航行，探索未知领域的配乐曲，这首曲子强调征服精神，但似乎同时危机四伏。读者立即被带入富有史诗意味的航行冒险感觉，该文章的主题音乐强有力地吸引着读者阅读文章。《PocoZine》第 60 期的"心情故事：流年寂寞"一文（如图 5 – 24）采用一首年轻女孩唱的曲调落寞的中文歌曲作为主题音乐，文章叙述两个年轻人的故事，读者在阅读过程中，逐渐加深了寂寞的感受。主题音乐在这里渲染了一种情绪，一种落寞的倾诉。《中国汽车画报》不少文章使用具有速度感、酷感、都市感、节奏感的歌曲或音乐来作为主题音乐，如第 2、3 期，虽然主题音乐风格类似，但是都是不同的歌曲或音乐。也有的多媒体互动杂志主题音乐和背景音乐使用同一首歌曲，根据文章的不同主题或情绪选取背景歌曲的其中一段，或是柔和的开场，或是铺叙的中间段，或是高潮段，如《瑞丽裳》第 44 期，这样可以使整本杂志的音频风格非常统一，缺点则是不同文章的音频独特特色表达得不够明显。

图 5 - 23　《InterPhoto 印象》第 53 期的"悦读：巡航冒险与光荣的时代"一文版面

图 5 - 24　《PocoZine》第 60 期的"心情故事：流年寂寞"一文版面

人声

　　人声是人发出的各种表达思想感情的声音。在多媒体互动杂志中，人声主要运用在影片预告片、视频广告、动画设计等部分。人声是角色语言，它是塑造人物形象的重要手段。影片推介版面的预告片就包含大量人声。个别版面采用人声来作为背景音频，令人印象深刻。如《黑孩子》第 14 期的刊首页设计，其内容为主编的感言和征集"南腔北调"的广告，版面配合该广告带有人声形式的音频，不同地方家乡话喊出的"黑孩子"三个字，既表达了杂志的个性风格，又使读者觉得很熟悉。

音效

音效是除语言和音乐以外的各种特殊声音效果。音效包括按钮音效、翻页音效等，它们极为短小，对整个多媒体互动杂志的音乐有点缀的作用。音效的运用不能过多过杂，否则会影响到整体音乐的表现，但是，适当地运用小音效，可以提升读者的阅读兴趣，吸引读者点击按钮进行阅读。不少杂志的目录按钮都有小音效，当鼠标放置在按钮上面，会发出类似触碰瓷器或金属"叮"的一声，如《鉴赏》、《瑞丽裳》、《InterPhoto 印象》等，音效的音量比背景音乐小，这样的清脆短声让人觉得清爽。有的版面内容中，互动按钮所联系的内容比较重要，也有清脆声的音效。翻页音效一般都是类似翻页的声音，让读者感觉是真的在翻页，音效使多媒体互动杂志的翻页动作更具有真实性。

画内音与画外音

画内音是画面中出现的有来源的声音。如画面中汽车的行驶声、喇叭声，视频中人物说话的声音，视频中乐器发出的声音等等。画外音是来自画面以外的声音。画外音不是画面中形象发出的声音，如杂志的背景音乐是为了烘托杂志主题和营造阅读环境而设置的，就是画外音。旁白也属于画外音，它来自于画面之外。如图 5-25 所示。

图 5-25　《Display》第 28 期佳能照相机广告页面。在版面左上角放置了同一模特的视频广告，年轻的女模特在浏览国外城市景色的同时，拿着佳能照相机拍照。视频广告中，男士声音在解释该款相机的优势，与所配的音乐都属于画外音。女模特拍照时，相机发出的"咔嚓"声，以及最后她在画面中说："My image，My Canon"（我的照片，我的佳能）都属于画内音

音频的运用形式

视觉元素和声音元素是多媒体互动杂志中的基本元素，两个元素的有机结合才能使杂志设计得更好，使其得到大量读者的接受和广泛传播。视觉画面和声音的有效结合是动画设计中不可忽视的一部分，画面包含大量的视觉信息，声音可以对画面进行丰富和补充，两者都有自己独特的功能，都是很好地造型手段。视觉与听觉的有效结合，可以使多媒体互动杂志版面从二维空间延展成立体空间，形成新颖的阅读过程。只有将两个元素很好地融合并不断发展，才能更好地展示多媒体互动杂志的视听表现力。Flash 多媒体动画的视听蒙太奇主要分为三种组合类型：声画同步、声画分立、声画对位。

声画同步

声画同步是最常见的声画关系。声画同步指动画画面中的声音和形象严格匹配，使形象在画面上与所发出的声音同步，形成视听相吻合的情形。观众可以同时感觉到声音和画面的形象，视听元素相互影响，形成一种综合的感受。在声画同步中，形象的动作和它所发出的声音同时出现、消失，它们相互吻合，这种同步的情形让观众觉得符合常理。声画同步比较容易被观众所接受，它营造的画面空间具有真实感和现实感，与人们对生活的认识是一致的。

在多媒体互动杂志中，声画同步的应用有很多。如按钮音效的应用，有一些按钮音效模拟了日常生活中的音效，增加了按钮的现实感，使读者觉得很熟悉。如鼠标翻页时，同时发出的类似真实翻书的"哗、哗"声。多媒体互动杂志中的视频也有声画同步的表现。像电影推介页面中的视频一般是电影的宣传片，有大量的声画同步；商品广告页面中的宣传视频一般是商品的电视广告片，也包含声画同步，这种同步既真实地表现了空间环境，也生动地塑造了主体形象。另外，多媒体互动杂志的动画设计中也运用了声画同步（如图 5 – 26）。

图 5-26 《飙》第 1 期篇章页动画设计，从画面右边开进的汽车伴随着发动机的
声音中速行驶至画面中央，并伴随着汽车快速行驶时"呜"的一声驶出画面左边

声画分立

声画分立指声音和画面中的形象不同步，两者之间形成不匹配、不吻合
的关系，声音不是由画面中的形象发出来的，声音与发声的形象不在一个画
面中。声画分立一般以画外音的形式出现，与画面有一种相互映衬的情感关
系。在声画分立中，声音的表现能力比较强，声音在画面之外为动画增加深
层次的含义。在声画分立中，声音和发声的形象既看起来相对独立，又在感
觉上有统一性，用相对的独立来表现着一种协调（如图 5-27）。声画分立可
以发挥声音的主观性作用，可以将不同场景、不同内容的画面运用连续的声

图 5-27 《飙》第 1 期的编辑寄语动画设计，将编辑寄语以邮寄信件的动画形式
展现在读者面前。开始一个推镜头，接着一个跟移镜头，这两个镜头配合悠然自
得的爵士乐，是声画分立。紧接着一个急刹车，配合汽车刹车声，是声画同步。在
固定镜头中，一个小宠物将信件取出，信件随即被打开，编辑寄语的内容显示出来

音连接起来，表现出不同时空转化的独特故事，创作出富有表现力的动画设计。

声画对位

声画对位指声音和画面内容既相对独立，又相互作用的关系，声音和画面各自独立，不相互吻合。在声画对位中，画面内容和声音所传达的信息、情感具有很大的反差，甚至是矛盾的、对立的关系。声音和画面虽然对立，但两者却相互配合，从不同的角度为同一个主题服务。声画对位与声画分立的表现效果是不相同的。声画分立是声音和画面在内容上的不同步、不吻合，而声画对位则是两者在性质上的对立、矛盾。在声画对位中，声音和画面内容看起来是对立的，但通过联想可以产生比喻、对比等特殊效果，使观众可以更深入地理解画面的主题，形成进一步的认识。声画对位的形式比较独特，可以表现出个性、特别的效果。

四、多媒体互动杂志的互动设计

互动设计是一个很重要的设计环节。互动是多媒体电子杂志区别于其他电子杂志的显著特点。在多媒体互动杂志中，互动设计不能设置过多的层次。互动设计的层次过多，版面容易陷入杂乱、无头绪的阅读流程，读者将过多精力浪费在寻找隐藏的内容上，就会觉得疲惫不堪，失去最初的阅读新奇感，取而代之的是厌烦感。有的互动杂志仅仅只有静态版面，没有动画和音乐，除了目录之外没有其他的互动部分。在这里，设计师没有充分地将多媒体互动杂志的优势发挥出来，这样的版面与传统的纸质媒介杂志没有太多的区别。多媒体互动杂志的互动设计应该以人为本，要以目标读者群的需要与喜好来进行设计。互动设计要简洁、有针对性，应该具有一定的艺术美感。

如何进行互动设计

首先，从杂志的内容来考虑需要多少互动设计。多媒体互动杂志的内容种类繁多，可以大致分为休闲娱乐类、商业类和人文科学类。休闲娱乐类杂志除了常规的互动设计，可以再放置一些休闲小游戏、心理小测试等。这些互动设计可以使读者感觉放松，增加版面的趣味感。但是不能设计得太难，心理测试题的数量也不能太多，目的是让读者稍稍休息一下，再继续进行阅读。人文科学类杂志的内容相对比较专业，具有理论性，放置些常规的互动设计就行了，如目录链接等。极少的互动设置既可以避免读者分散注意力，又可以保持杂志的专业形象。商业类杂志主要用于宣传企业品牌或者产品，可以根据内容增加较少的互动设计。这些互动设计与企业或者宣传的产品相关，可以使产品显得更亲和，增加读者对产品的好感。

其次，从目标读者群来考虑互动设计。目标读者群的年龄、性别、职业、兴趣爱好都各自不同，对于互动设计的难易程度要求也不一样。像游戏类多媒体互动杂志的读者大多数是游戏爱好者或游戏高手，在互动设计时，应该适当地加入小游戏，还应该提高小游戏的难度。如果目标读者群是中、老年读者，则在多媒体互动杂志中要尽量减少互动设计，难度也要降低。中、老年读者的计算机水平普遍较低，他们阅读电子杂志往往因为其内容，而不是因为新奇感。

第三，互动设计的人性化和艺术化。人性化的设计就是以人为中心，为人而进行的设计。多媒体互动杂志中包含文字、图片、视频、动画等多种类型的视觉元素，版面容易显得乱、花。设计师要有效地运用互动设计，使其中一些内容隐藏起来，保持版面的易读性。互动设计还要具有易用性，使计算机水平一般的读者也能够轻松地操作和控制按钮，方便地找到隐藏的文章内容。有的多媒体互动杂志有多种语言版本，如《Newwebpick》有中文、英文等多国语言版本，适合多个国家的读者下载阅读。这些都是人性化设计的表现。多媒体互动杂志的互动设计还应该具有艺术性，表现出艺术的美感。互动并不是简单实现功能就可以了，它还要考虑外观的艺术性。没有好的外观，读者也没有兴趣去点击它，好的多媒体互动杂志在互动设计时会注意其风格形式与杂志整体风格相一致。

镜头效果互动

镜头效果互动是类似于镜头运动的一种互动效果。随着鼠标的移动，画面可以产生类似于摇镜头、推拉镜头等效果的互动。具有该互动功能的画面既可以展现环境与较大的场景，又可以随着鼠标的移动来观看画面细节（如图5－28、图5－29）。运用程序编程，可以在Flash中实现类似的镜头效果互动。

图5－28　《瑞丽裳》第41期的镜头效果互动。运用后台程序编程，Flash可以实现模拟镜头效果的互动。当鼠标靠近景框的上面，画面镜头就向上摇；当鼠标靠近景框的下部，镜头就向下摇。随着鼠标的运动，景框内可以实现相应的上下摇镜头，使读者可以看清楚感兴趣的画面内容

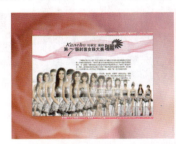
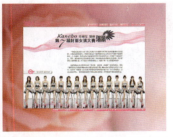

图5－29　《瑞丽妆》第44期副刊《第七届封面女孩大赛》的镜头效果互动。第1幅图是片头动画即将结束部分，女孩逐一放大缩小形成视觉波浪，暗示和吸引读者点击。第2幅图是片头动画的结束画面，第3、4幅图是鼠标移至两位选手所得到的画面。当鼠标移至读者感兴趣的选手时，女孩的图片即放大，产生推镜头的感觉，画面由全景变成中景，女孩的面容细节能看得更清楚。在这里，读者不断地移动鼠标，就可以逐一观赏自己感兴趣的选手

按钮互动

按钮互动是单击按钮后产生的互动效果。多媒体互动杂志的按钮具有多种外在形式，如网址链接按钮、扩展阅读按钮、图片翻页按钮、图片关闭按钮、返回按钮等。还有各式各样的隐性按钮，如点击邮箱就能打开主编致读者的信，在这里邮箱就成了按钮，点击自行车筐里的杂志就打开了杂志页面，杂志就成为了按钮（如图5-30、图5-31）。在 Flash 技术中，只有按钮才能触发按钮动作，所以很多按钮并不具备按钮的外形，但它具备按钮的功能。按钮的设计风格多样，设计师可以依据实际需要进行按钮设计。

图5-30 《乐活志》第1期的按钮互动。在第1幅图中点击相应的泡泡，就可以看到泡泡里面的军刀大图显示，如第2幅图，点击右下角的"CLOSE"按钮，画面又回到了第1幅图

图5-31 《鉴赏》第1期的读者信箱页面设计。点击卷轴，卷轴就展开至整个版面，显示出卷轴中的"读者信箱"文字内容

滑鼠互动

滑鼠互动是通过点击并移动滑鼠达到互动效果（如图5－32）。当文字信息只是稍多，不需要分成两个版面放置时，设置滑鼠就是一个好的选择。设置滑鼠可以隐藏多余的文字信息，使版面显得利落、大方，读者可以点击移动滑鼠，去观看隐藏的内容。当然，要控制滑鼠的设置数量，过多的鼠标点击、移动会使读者失去阅读耐性。

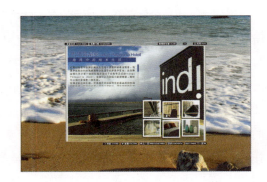

图5－32　《La Vie 自游式》第34期的滑鼠互动。当文章内容稍多时，可以在右边设置滑鼠，移动滑鼠，就可以看见隐藏的文章内容

调查与留言互动

调查表互动可以通过问卷选项等形式将读者对该期电子杂志的看法和建议通过网络提交给电子杂志的主办方或主编。留言互动可以将读者对某主题的感想、看法通过网络提交给杂志或主题社区（如图5－33）。调查表与留言的版面设计应该具有一定的美感，使读者产生共鸣，形式应该一目了然，尽量避免使读者感到琐碎和麻烦，这样才能促使读者参与调查表与留言的互动环节。

图5－33　《精志·伊人》第27期针对情人节主题的读者留言。读者可以填写感受或留言，通过网络将留言提交给杂志或主题社区。玫瑰花元素、粉红色调使版面具有温馨、浪漫的美感

游戏互动

　　游戏互动是读者玩杂志页面上的游戏所产生的互动。多媒体互动杂志的游戏一般比较简单，基于 Flash 技术而设计。服饰时尚类杂志可以考虑放置服饰搭配的小游戏，休闲类杂志可以考虑插入休闲类小游戏，游戏类杂志可以适当放置难度更高一点的游戏。现有的小游戏一般是拼图游戏、寻找不同游戏等，但还可以根据多媒体互动杂志的定位，寻求更多样化的游戏类型（如图 5–34 至图 5–36）。基于 Flash 技术的小游戏并不复杂，它的外观可以设计为多媒体互动杂志版面设计的一部分，而不是找一个现成的游戏置入。

图 5–34　《鉴赏》第 16 期的"听声辨色"游戏设计，内容是辨认甲骨文字。该游戏设计得古典、生动，真实感很强

图 5–35《瑞丽裳》第 37 期的换装游戏。左边是待选的服装和佩饰，点击鼠标并按住左键不放，就可以将选中的服装或佩饰移动到右边的人物身上。该游戏可以感受服饰搭配的乐趣

图 5–36　《惊奇档案》第 5 期的拼图游戏，游戏界面风格符合该杂志的酷、炫质感

第六章

电子杂志中的色彩对比与调和

色彩离不开光的存在。有光才会看见色彩，光与色彩是同时存在的。物理学上的光是一种电磁波，它以波动的方式进行直线传播。光有波长和振幅两个方面的因素，不同的波长可以产生色相的差别，不同振幅的强弱可以产生同一个色相的明暗差别。0.39～0.77微米波长之间的电磁波是可见光谱，这一段光线能引起人的色彩视觉感受。红外线的波长大于0.77微米，紫外线的波长小于0.39微米。当白光照射到物体上时，如果只有红色的光被反射出来，其他波长的光线都被吸收了，那么物体的表面就会呈现出红色。在日常生活中，五彩斑斓的色彩影响着人们的心情和对事物的看法。人从外界接收的百分之九十以上的信息是视觉方面的信息，人对物体的辨认在很大程度上是通过色彩、明暗的区别得到的。色彩是人对所看见物体的第一印象。

电子杂志的色彩设计是极其重要的。理解色彩的象征意义和不同色彩带给人不一样的心理感受，学习色彩搭配的技巧，将有助于电子杂志设计师设计出更具吸引力的杂志页面。对比色会产生强烈、醒目的感觉，同类色则产生柔和、雅致的感觉。高明度的版面会带来愉快、柔软、轻的感觉；低明度的版面会带来朴素、重的感觉。不同的色彩搭配给人不同的阅读感受，读者对于电子杂志的第一印象，色彩占据了很大部分，色彩搭配的好坏直接影响着读者的阅读过程和读后感受。电子杂志设计师要懂得掌握基本的色彩搭配规律和配色技巧，要能够依据文章内容和版面风格给出适合的色彩配色（如图6－1、图6－2）。

Di-liuzhang Dianzi Zazhi Zhong de Secai Duibi yu Tiaohe

图 6 – 1 《瑞丽裳》第 49 期。柔和的粉紫色调可以表现出可爱、女性、时尚的风格

图 6 – 2 《Jetpac Magazine》第 1 期。低纯度的深灰色调表现出个性、沉稳的风格

一、电子杂志设计中色彩的作用

色彩的作用

划分区域

色彩具有在版面上划分不同区域的作用。通过将文字信息内容放置到相应的色彩区域，文字信息能够更好地被获取，色彩区域在这里起着使信息有序化的作用。在同一个版面上运用色彩划分不同区域，可以使版面避免单调感，显得有层次、有节奏。

界定主次

色彩具有界定主次文字信息内容的作用。通过不同面积、明度或者纯度的色块对比，可以界定文字信息内容的主次关系，突出标题化的信息和重要文字内容。读者首先注意到相对重要的色块信息内容，再阅读其余的文字内容。

区分栏目或文章

色彩有区分不同栏目或不同文章版面的作用。电子杂志的色彩往往针对杂志内不同的栏目或文章设计不同的主色调,同一篇文章使用一种主色调,下一篇文章则使用不同的颜色作为主色调,这种方式可以让读者一目了然,从第一感官上接受到了"我已经在阅读另一篇文章"的信息。用色彩区分不同栏目或文章可以使读者的思路清晰、思维敏捷,保持阅读过程中的思维活跃感和新鲜感。

表达设计风格和设计意图

色彩可以表达出版面的设计风格和设计师的设计意图。黑白灰色系和全色相的多种色彩搭配在视觉效果上展现着截然不同的风格和个性;低纯度色彩搭配和高纯度色彩搭配可以表现不一样的视觉感受;不同色相的色调如蓝色调和红色调可以表达不同的象征语言和心理暗示。大千世界的色彩在电子杂志设计师的手中可以成为展现杂志个性风格的工具。对色彩的理解和控制会帮助设计师在设计过程中表现所需要的版面风格,合适的色彩配色将能更好地发挥设计师的个性意图,表达版面的崭新风格。

目标读者群的色彩心理

色彩心理是人们对客观世界的主观反映,不同波长的光形成不同色相的颜色,这些颜色可以使人产生情感感受和心理暗示。电子杂志设计师在设计杂志之前就要考虑目标读者群的色彩喜好,以便更有针对性地设计杂志。不同的目标读者群对于色彩的需求是不一样的,如儿童和成年人、男性和女性、时尚类和医药类等等,理解目标读者群对于电子杂志色彩设计的需求,将有助于设计师设计出受欢迎的电子杂志。色彩心理与读者群的年龄层次有关,儿童一般喜欢鲜艳的颜色,而随着年龄的增长,人们对色彩的喜好逐渐会向复色过渡,向黑色靠近。娱乐类杂志内容可以采用热闹的色彩营造愉快、热烈的气氛;医药类电子杂志可以采用较为明洁的色彩配色;时尚类电子杂志可以采用时尚、潮流的色彩博得时尚女性的青睐；商业权威杂志可以采用稳重、大方、沉静的配色获得男性商业人士对自信、成熟风格的认同。忽略目标读者群的基本色彩喜好，即使有再高深的设计技巧，也难得到读者的广泛认同。电子杂志设计师在设计前对目标读者群的色彩心理有一个基本的分析和了解，才能设计出好的色彩配色。

二、色彩的感觉与习俗性

生活中累积的经验使人们看见不同色彩会有不一样的心理感受。人们经常将色彩与不同的生活感觉联系在一起。这些生活感觉具有一定的固定、稳定性，它们是人们在长期生活中形成的感觉，不会一下子改变。了解色彩的不同感觉表现，对生活中的错视现象进行合理引导，可以使电子杂志的色彩设计和配色更好地表现出明确的版面风格。

色彩的感觉

色彩具有大、小感。暖色、高明度色彩具有扩大、膨胀的感觉；冷色、低明度色彩具有缩小、收缩的感觉。同样面积的白色与黑色相比较，白色的面积感觉较大，黑色的面积感觉较小。

色彩具有前、后感。将不同色彩放置在同样的一段距离外，红色、橙色等色彩令人感觉比较接近；蓝色、紫色等色彩令人感觉比较疏远。

色彩具有轻、重感。明度高的色彩容易使人联想到白云、棉花等，带有轻柔、飘浮的感觉；明度低的色彩容易使人联想到钢铁、大理石等，带有沉重、稳定的感觉。

色彩具有软、硬感。明度越高的色彩感觉越柔软，明度越低的色彩感觉越坚硬。不过白色是个例外，它的柔软感觉不太多。明度高、纯底低的色彩和中纯度的色彩感觉比较柔软，它们可以使人联想到动物的皮毛等质感。高纯度和低纯度的色彩都表现出坚硬的感觉。

色彩具有冷、暖感。红、红橙、橙、黄橙等色彩可以使人们联想到太阳、火焰等，因此有温暖、危险等感觉。蓝、蓝紫、蓝绿等色彩可以使人联想到冰雪、海洋等，因此有寒冷、理智等感觉。绿色和紫色在色彩中属于中性色，它们在暖色里表现出寒冷的感觉，而在冷色里又可以表现出温暖的感觉。

色彩具有华丽、质朴感。明度高、纯度高的色彩令人感觉比较华丽。明度低、纯度低的色彩令人感觉比较质朴。

色彩具有活泼、庄重感。暖色、高纯度色彩、丰富多彩的色彩、强对比色彩令人感觉活泼，冷色、低纯度色彩、弱对比色彩令人感觉庄重。

色彩的时代性和习俗性

色彩具有时代性。不同时代的色彩特征是不相同的。古代偏向于单一和朴素，而现代则偏重于艳丽和繁杂。在中国封建社会中，黄色是最高贵的颜色，黄、红、灰、绿成为了古老北京的色彩特征。中华人民共和国成立后，红色最为高贵，红色象征着革命和共产主义。如果版面需要体现某个时代的特色，就不应该忽视那个时代的具有象征性的色彩。

色彩具有习俗性。西方人结婚喜欢穿白色礼服，装饰也以白为主，表明素雅，以示纯洁。中国人结婚则喜欢穿大红喜服，饰物以大红色为主，表示喜庆、兴旺的意思。

色彩具有符号性和标记性。红灯标志着停止，绿灯标志着通行，黄灯则提醒人注意，这是通用的交通信号。红十字和新月的蓝色成为国际救援的标识。

三、常用的基本概念

色相环

色相环有 6 色色相环、12 色色相环等不同种类。6 色色相环是三原色加上三间色所构成的。将基本色设置为 12 色，就可以得到 12 色色相环（如图 6-3）是伊顿 12 色色相环。色彩体系一般从色相环开始建立，通过逐渐完善、成熟，形成立体的、更为复杂的形式。

Di-liuzhang Dianzi Zazhi Zhong de Secai Duibi yu Tiaohe

图 6 – 3　伊顿的 12 色色相环，原色与间色之间的是三次色

色立体

　　色彩体系就是按照色彩的三属性，将色彩进行有秩序地整理、分类而形成的系统体系。建立色彩体系，可以使色彩研究更加科学化、系统化，在色彩应用中有一个标准依据。色彩体系依靠三维空间来表现就是色立体。色立体是根据色彩的色相、明度、纯度的变化关系，借助三维空间，用旋围直角坐标的方法组成的一个类似球体的立体模型。目前常用的色立体主要有三种：蒙塞尔色立体、奥斯特瓦德色立体和日本研究所的色立体，运用最广泛的是蒙塞尔色立体。

　　蒙塞尔色立体是由美国色彩学家、美术家蒙塞尔创立的色彩表示法，是目前常用的色彩体系之一。蒙塞尔色立体有着画家的视角，以色彩感知为主要依据（如图 6–4）。蒙塞尔色相环以红（R）、黄（Y）、绿（G）、蓝（B）、紫（P）心理五原色为主色，加上这些色彩的中间色相：橙（YR）、黄绿（GY）、蓝绿（DG）、蓝紫（PB）、红紫（RP），进行顺时针排列。在色相环上相对的两色相为互补关系。色相环的外层继续等分，整个色相环一共包括一百个色相。每 10 个等级中，以第 5 个为标准色，如 5R 为红色。

　　蒙塞尔色立体是一个三维的类似球体的空间模型，以色相、明度、饱和度色彩三要素为基础。色相是 Hue，简写为 H；明度是 Value，简写为 V；纯度是 Chroma，简写为 C。球体的中轴是表示无彩色黑白的明度等级，理想白色为 10，理想黑色为 0。黑色在下面底点，白色在上面顶点，这叫做蒙塞尔

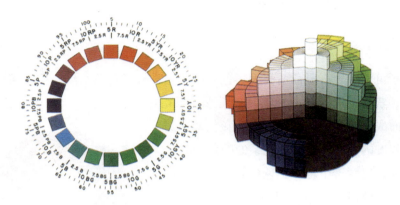

图 6 - 4　蒙塞尔的 100 色色相环与树型色立体

明度值。色彩与中轴的水平距离代表色彩饱和度的变化，中轴上的饱和度为
0，离开中轴越远，饱和度越大。不同颜色的最大饱和度并不相同，个别颜色
的饱和度可以达到 20。蒙塞尔色立体的立体外形看起来不规则，被称作围绕
中心灰色轴长成的"色彩树"。

色彩模式

　　RGB 模式是显示器的物理色彩模式。在设计时，只要是在显示器上进行
显示，就是以 RGB 来显示颜色的。RGB 模式是加法混合，如同有红、绿、蓝
三盏灯，当两种色彩进行混合时，亮度是两色彩亮度之和。RGB 色彩模式几
乎包含了人的视力感知的所有颜色。RGB 色彩模式是以红色、绿色、蓝色的
不同数值来表示色彩，英文分别为 R（Red）、G（Green）、B（Blue）。电脑
中的 RGB 数值指这种颜色的亮度，并用整数来表示。通常情况下，RGB 的亮
度，从 0 ~ 255，0 也是数值之一，总共 256 级。256 级的 RGB 色彩能组合出
大约为 1678 万种色彩，简称为千万色，也称为 24 位色。对于 R、G、B 来说，
数值为 0 时表示这种颜色不发光，数值为 255 时表示这种颜色为最高的亮度。
如白色的 RGB 值为 255，255，255；黑色的 RGB 值是 0，0，0；红色的值是
255，0，0；绿色的值为 0，255，0。电子杂志一般基于计算机显示器阅读，
而显示器采用 RGB 模式表现色彩，所以 RGB 色彩模式是电子杂志设计常用的
颜色模式。

色彩三要素

色彩可以分为有彩色系和无彩色系两大类。有彩色系指红、橙、黄、绿、青、蓝、紫等有色彩倾向的颜色；无彩色系指白色、黑色，以及由白色、黑色调和而成的深浅不同的灰色。无彩色系的颜色具有明度的特性，而有彩色系的颜色具有色相、明度、纯度三个特性。色彩的三要素是色相、明度、纯度，相同色相可以有不同的明度，相同色相、相同明度可以有不同的纯度。色彩三要素是色彩最基本的属性，是研究色彩配色的基础。

色相是不同颜色的名称，用它来区别不同的颜色。色相是根据入射到人眼的光谱成分决

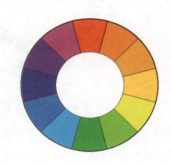

图 6-5　12 色色相环

定的，不同波长的光使人眼产生不同的色觉，它是不同波长光的视觉反映，有红、橙、黄、绿、青、蓝、紫几个色彩（如图 6-5）。色彩还可以细分下去，如红色有朱红、大红、紫红等。

明度是色彩的明暗层次，是色彩的深浅程度和明亮程度。如图 6-6 所示。明度高的色彩显得比较明亮，明度低的色彩显得比较灰暗。在无彩色系中，白色最为明亮，黑色最为深暗。在有彩色系中进行比较，黄色的明度最高，绿色的明度较高，蓝色的明度较低，紫色的明度更低。

纯度是通过同一个色相色彩中纯色所占的比例来分辨纯度的高低。纯色比例高的色彩纯度就高，纯色比例低的色彩纯度就低。一个色彩中包含黑、白、灰色越少，包含的本来颜色就越多，它的纯度就越高。色彩中包含有黑、白、灰色会降低色彩纯度（如图 6-7）。

图 6-6　红色从明到暗的过程

图 6-7　红色降低纯度的过程

色彩的基本概念

原色

使用不同比例的原色可以混合出除白色外的其他颜色，而这三种颜色不能用别的颜色调出来，所以叫做原色。原色是红色、黄色、蓝色三种颜色，可以传达强烈的视觉信息（如图6－8）。色彩训练一般主要通过颜料来进行，所以采用红黄蓝模式。红色（如图6－9）是最温暖、最有视觉冲击力的颜色。黄色（如图6－10）的亮度最高，给人以迅速、醒目的效果。蓝色（如图6－11）在三原色里是视觉传递速度最慢的颜色，适用于表达博大、稳重、安静的主题。

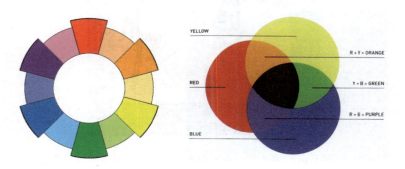

图6－8　三原色与间色

图6－9　《WOOF!》第8期。红色是最温暖、最有视觉冲击力的颜色

图 6 - 10 《Font》第 7 期。黄色亮度最高，给人以迅速、醒目的效果

图 6 - 11 《摩登派》第 3 期。在三原色里，蓝色是视觉传递速度最慢的
颜色，适用于表达博大、稳重、安静的主题

间色

使用两个原色混合可以得到间色。间色是橙色、绿色和紫色，也称第二
次色（如图 6 - 8）。红色与黄色调配成橙色，黄色与蓝色调配成绿色，蓝色
与红色调配成紫色。间色的视觉刺激强度比三原色缓和了不少，比较容易搭
配。间色虽然是第二次色，但仍然具有很强的视觉冲击力，可以表达轻松、
明快、愉悦的氛围和感受（如图 6 - 12）。

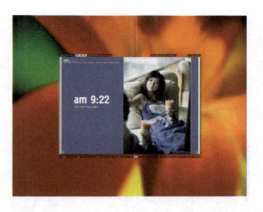

图 6－12 《PocoZine》第 6 期。橙红色、绿色与蓝紫色的搭配

复色

颜料的两个间色或一种原色和其对应的间色相混合可以得到复色，又称为第三次色。复色包含了所有的原色成分，形成红灰、黄灰、绿灰等灰色调（如图 6－13）。复色的纯度低，色相倾向不太明显，视觉刺激较为缓和，有沉闷的感觉，容易产生脏或者灰朦朦的视觉效果。复色加深色能搭配出具有神秘感和空间感的版面氛围。明度高的复色可以表现宁静柔和的感觉，浏览者可以长时间阅读而不觉得视觉疲劳。

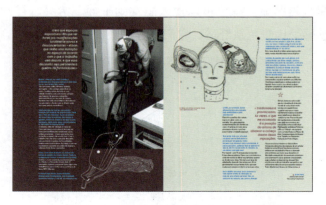

图 6－13 《Soma》第 15 期。复色的纯度低，视觉刺激比较缓和

暖色

暖色指红、橙、黄这一类颜色，它们可以使人联想到阳光、烈火（如图6－14）。暖色系色彩的纯度越高，它们的温暖特性就看起来越明显。高明度、高纯度的暖色配色有着很强烈的视觉表现力。

图6－14　《火星CG》第54期。暖色使人联想到阳光、烈火

冷色

冷色指青、蓝这一类颜色（如图6－15）。冷色系的亮度越高，它们的寒冷特性就看起来越明显。冷色可以使人感觉到平静、清爽、祥和、安宁。冷色配色的视觉感受比暖色系舒适，它们不容易造成视觉疲劳。

图6－15　《Hompar上海》第七期。冷色令人感觉平静、清爽、祥和、安宁

四、版面的色调

版面是由不同色彩组成的，各个色彩角色的作用不一样，它们一起构建了版面的整体色调。色调是版面色彩的总趋向。色调就是一个版面的大体色彩状态，给人大致的色彩感受和色彩氛围（如图6－16）。电子杂志的版面配色既要考虑静态平面版面的色彩搭配，也要考虑动画设计时，动态镜头的色彩节奏和搭配。为了更好地分析版面的色彩规律，把握色彩的对比与调和的技巧和方法，我们将版面的色彩划分为几个概念，以便在色彩配色时更好地达到预期目的。

图6－16 《瑞丽裳》第37期版面的主色调、辅色调、背景色与点睛色

主色调

主色调是配色的中心色，其他颜色应以主色调作为基准来选择。主色调是版面色彩的总体趋势。主色调决定主体，能明示版面的色彩中心，使画面整体安定下来。

Di-liuzhang Dianzi Zazhi Zhong de Secai Duibi yu Tiaohe

辅色调（突出色）

辅色调的目的是使主色调突出，是仅次于主色调的辅助色，是烘托主色调、支持主色调、融合主色调的辅助色调。如果辅色调与主色调是对比色，则可以使主色生辉，使画面立即鲜活起来，对比色的辅色可以很好地突出主色。

背景色（支配色）

背景色是作为背景环抱整体的色调，即使是小面积也具有支配整体的感觉和作用。背景色决定着版面给人的感觉。主色调虽然是配色的中心，但是背景色往往对支配整个版面效果作用更大。

点睛色

点睛色是在小范围内点上的强烈的颜色，它使版面更加鲜明生动。点睛色可以使缺少变化的版面色调立即显得活力四射。

五、电子杂志中的色彩对比

色彩的对比与调和使电子杂志的版面既具有张力和视觉冲击力，又和谐存在。同类色配色给人以柔和、和谐、雅致的感觉，对比色配色则给人强烈、有力、活泼的感受。电子杂志的色彩设计应同时考虑到对比与调和两种方法，综合运用两种手段来达到预想的色彩搭配效果。色彩的对比能达到刺激、鲜明的视觉效果，可以带来活跃的感觉。色彩的调和能协调色彩对比中令人感觉不舒服的部分，使其色彩整体效果趋向于统一和适度。

色相对比

色相对比是因为色相的差异所形成的对比。色相对比的强弱取决于不同色相在色相环上的距离。两种颜色在色相环上的位置越接近补色，对比效果就会越强烈；两种颜色距离越靠近，对比效果就会越柔和。

同类色对比

色相距离大约 30 度左右的色彩为同类色对比，是弱对比的类型。在 12 色的色相环中，同类色相当于单色，在 24 色的色相环中，同类色相当于相邻的两色，如黄色与绿黄、黄色与橘黄等（如图 6-17 至图 6-19）。同类色配色容易产生调和感，是一种谨慎、保守的配色方法。同类色对比令人有柔和、和谐、雅致、文静的感觉，但也有单调、模糊、乏味、无力感。同类色配色必须调节明度、纯度来演绎一些变化，加强版面的效果。在同类色配色中添加少量的邻近色或者对比色，会使版面显得活跃、醒目，减少单调感。

图 6-17 《时尚芭莎》第 18 期版面的同类色，浅蓝、蓝色、深蓝的搭配

图 6-18 《瑞丽妆》第 49 期版面的同类色，对比效果柔和

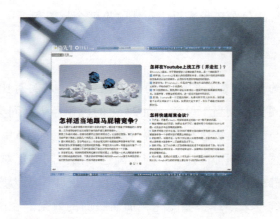

图6-19 《时尚先生》第17期版面的同类色。在明度、纯度上演绎
一些变化，蓝灰色调的版面显得并不单调

邻近色对比

色相对比距离约60度左右的色彩为邻近色对比，是较弱的对比类型。在
12色的色相环中，邻近色相当于一个颜色两侧相邻的颜色，基础色与相邻的
二次色互为邻近色，两个相邻的三次色互为邻近色。如黄色与绿色、绿色与
蓝色等（如图6-20）。邻近色搭配的视觉反差不大，容易形成统一、调和的
视觉效果，具有协调的韵律美感。如果觉得其对比效果还不够强烈，则可以
调节其明度、纯度，或者加入少量的对比色。

图6-20 《时尚先生》第17期。绿色与蓝灰色为邻近色搭配

中差色对比

色相对比距离约 90 度左右的色彩为中差色对比，是中对比类型。在 12 色的色相环中，中差色相当于间隔两个颜色的任何颜色，是小于三原色一个间隔距离的颜色。如黄色与蓝绿色等（如图 6－21）。中差色搭配的视觉效果明快、活泼、饱满，使人兴奋，有一定的兴趣感。中差色对比既有适当力度，又不失调和的感觉。

图 6－21 《MOY》第 17 期。红色与橘黄色的中差色对比

对比色对比

色相对比距离约 120 度左右的色彩为对比色对比，是强对比类型。在 12 色的色相环中，对比色相当于三个距离相同的颜色。三个基础色互为对比色，三个二次色互为对比色（如图 6－22）。对比色对比的效果强烈、醒目、有力、活泼、丰富，但是，也因为不容易统一调和而令人觉得杂乱、刺激，造成视觉疲劳。对比色对比一般需要运用多种调和手段，可以采取变化其明度、纯度的方法，还可以采用强化主色调、调整对比色的面积和比例来进行调和。

图 6-22 《Soma》第 15 期。黄色与蓝色的对比。
降低蓝色的纯度与明度，使整体版面趋于调和

互补色对比

　　色相对比距离 180 度的色彩为互补色对比，是极端对比类型。在 12 色的
色相环中，三个基础色中的一种与其他两色混合而产生的间色就是补色关系，
如：红色与绿色、黄色与紫色、蓝色与橙色（如图 6-23、图 6-24）。互补
色对比可以造成最强烈的版面对比，效果强烈、眩目、响亮、有力。互补色
最能传达个性的情感，形成视觉中心点，使版面效果鲜明而强烈。但是，如果

图 6-23 《时尚味觉》第 5 期封面设计。红绿互补色对比很好地将圣诞节的热
闹气氛烘托出来。红色降低了明度，红色与绿色都互相穿插着一些对方的小色
块，使版面趋于调和

处理不当，也容易产生不协调的感觉，容易产生幼稚 、原始、粗俗、不安定、不协调等感觉。所以，应该综合采取多种方法来进行调和，如调整色彩的明度、纯度，调整色彩的面积比例关系，运用无彩色进行缓冲与调和等方法。

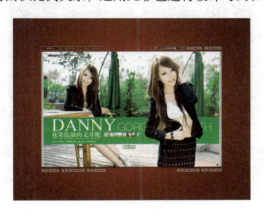

图 6－24 《SNGUO》第 13 期版面的互补色对比。对比效果强烈、明亮、有力。红色降低了明度，使版面在对比中显得稳定、调和

冷暖对比

不同色彩的冷暖差异所形成的对比是冷暖对比。冷暖在这里指色彩带给人的一种心理感觉。红色、橙色、黄色等色彩属于暖色，蓝绿色、蓝色、蓝紫色等色彩都属于冷色。白色显得比较冷，黑色则显得比较暖（如图 6－25、图 6－26）。

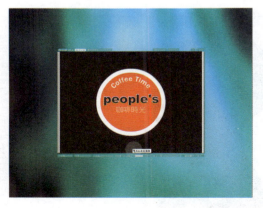

图 6－25 《PocoZine》第 8 期版面的冷暖对比。红色与蓝灰色的对比，这里红色圆形显得离我们更近，而蓝灰色背景则似乎更深远

Di-liuzhang Dianzi Zazhi Zhong de Secai Duibi yu Tiaohe

图 6-26 《Isee》第 12 期版面的冷暖对比。深蓝灰色与深红灰色的对比，两者的明度、纯度都较低，有调和的感觉，版面中部的方形小图片显得比较突出

明度对比

明度对比是色彩的明暗程度不同所形成的对比，也叫做色彩的黑白度对比。根据明度色标，明度在零度至三度的色彩是低调色，四度至六度的色彩是中调色，七度至十度的色彩是高调色。一般来说，高调的版面令人感觉活泼、愉快、辉煌、柔软、轻；低调的版面令人感觉朴素、重、雄伟。明度对比较强时光感强，清晰程度高。明度对比弱时，感觉不明朗、模糊不清、单薄、晦暗（如图 6-27、图 6-28）。

图 6-27 《Studio_ 83》第 7 期。明度对比较强时光感强，清晰度高

图 6 - 28 《澜》第 62 期。明度对比弱时感觉不明朗、模糊不清

纯度对比

纯度对比是不同色彩之间纯度的差异所形成的对比。色彩可以分为高纯度、中纯度和低纯度三种。原色的纯度最高，间色稍次，而复色更次。一般来说，高纯度色彩的版面色相明确，引人注目，但容易使人感觉视觉疲惫，不能持久地注视版面。低纯度色彩的版面显得比较含蓄，视觉兴趣弱，引人注目的程度低，但是可以持久地阅读（如图 6 - 29、图 6 - 30）。

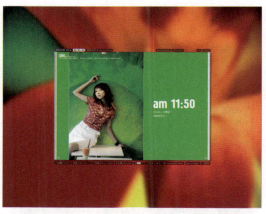

图 6 - 29 《PocoZine》第 6 期。高纯度色彩的色相明确，引人注目，
但容易使人视觉疲惫，不能持久注视

图 6 – 30 　《Newwebpick》第 28 期。低纯度色彩比较含蓄，
视觉兴趣弱，引人注目的程度低，但是可以持久阅读

面积与位置对比

　　包含各种色彩的视觉元素都具有一定的面积，面积是色彩对比需要关注的部分。视觉元素在版面中都有其位置，所以，位置也是色彩对比所要关注的（如图 6 – 31、图 6 – 32）。同一种颜色，面积越大，明度和纯度就显得越强；面积越小，明度和纯度就会显得越低。大块面积的颜色，亮色看起来显得更轻，暗色会显得更重。大面积的色彩搭配容易给人强烈、大方的感受。面积比例差距越大，越是能扩大版面的力量感。大面积色块中的小色块，则

图 6 – 31 　《Isee》第 12 期。深红色与蓝色的大面积色彩搭配，令人感觉强烈、大方

DIANZI ZAZHI SHEJI YU PEISE

显得醒目而活跃。对比色彩的距离越近，对比效果就越强烈，当一种颜色包围另一种颜色时，对比的效果最强烈。

图 6 – 32 《行天下》第 14 期。封面大面积的绿色搭配红色边框、黄色标题文字，后两者在版面上显得醒目而活跃

肌理对比

色彩对比与物体的表面材质、肌理也有很大的关系，物体表面的肌理感可以影响色彩的搭配（如图 6 – 33）。对比色彩如果采用不同的肌理，则对比的效果更具有情趣感、层次感。同类色或者同种色的色彩搭配，可以运用不同的肌理对比来弥补这类色彩搭配版面的单调感。

图 6 – 33 《瑞丽裳》第 31 期。背景与页面主色调都设定为白色，背景使用积雪肌理，使版面具有一定的层次和变化

同时对比与连续对比

色彩的同时对比是在同一时间、同一视觉区域内的色彩对比。在这种情况下，色彩的对比是相互依存的。人在同一视觉区域同时接受两种以上的颜色，人眼的色彩感觉会因为周围色彩的影响而产生一些变化。像在明亮色彩的背景前，人会感觉到前景的色彩变深暗；在深暗色彩的背景前，人会感觉到前景的色彩变得明亮。另外，同一个颜色处在相近色的包围时，它的饱和度会减弱；处在互补色的包围时，它的饱和度就会增加。

色彩的连续对比是在不同时间、不同视觉区域，但是同时保持了快捷的时间连续性的色彩对比。人看了第一种颜色再接着看第二种颜色时，会发生一些影响。这种现象是视觉残留和视觉心理的平衡带来的影响。

六、电子杂志中的色彩调和

色彩调和是色彩的合理搭配，形成统一和协调的视觉效果。色彩调和可以降低对比的刺激因素，构成稳定、协调的版面。色彩调和也是电子杂志版面不可缺少的色彩搭配方法。色彩对比可以带来清晰、明朗、愉快的版面效果，但如果一味地强调色彩对比，则会使电子杂志版面产生喧闹、浮躁、缺乏品位的印象。色彩调和可以有效地调和对比色彩，特别是强对比和互补色对比。运用多种色彩调和方法，可以使原本显得冲突的电子杂志版面趋向于调和、稳定。

主色调调和

主色调是色彩形成的主要氛围与色彩的总体倾向，如红色调、黄色调、鲜艳色调、灰色调等。在多种色彩搭配时，确立主色调是一种有效的调和方法。在设计过程中，应想办法让版面上的多种颜色具有明显的主色调倾向。可以考虑在这些色彩中混合同种色彩性质，使这些色彩都具有这个色彩的共性，达到色彩配色的调和。如混合同种暖色形成暖色调；或混合同一种色彩形成这种色彩的色调等（如图6-34）。还可以考虑将这些色彩混合白色形成亮色调，或混合黑色形成暗色调（如图6-35）。

图6-34　《世界儿童》第13期。黄色与浅蓝色的调和。土黄色、黄灰色都包含着黄色，所以版面形成了黄灰色的主色调，形成了调和的色彩配色版面

图6-35　《Soma》第15期。深紫灰与深绿灰的搭配，版面形成暗色调的色彩调和

面积比例调和

面积比例调和是通过调节色彩的面积比例关系来达到色彩调和的一种方法（如图6-36）。色彩在版面所占的面积比例对于色彩调和的作用很大。多种色彩并置时，应扩大其中一种色彩，或同类色彩的面积，并相应地缩小其他色彩的面积比例，这样就容易达到调和（如图6-37）。对比色彩的面积如果相当，就较难调和，面积有大有小则较容易调和。对比色彩的面积比例相

Di-liuzhang Dianzi Zazhi Zhong de Secai Duibi yu Tiaohe

差非常悬殊，则容易调和。如果有几组对比色的版面，应该以其中的一组为主，协调各种色彩的主从关系，以达到色彩调和。既有冷色又有暖色的版面，应加强主色调的冷、暖倾向性，使其达到色彩调和。

图 6－36　《瑞丽裳》第 42 期。粉红色与绿色的调和。粉红色占版面大部分面积，而绿色的面积很小，两者面积比例悬殊，版面很容易就形成了调和

图 6－37　《Street》第 11 期。扩大黄灰色的面积，缩小其他色彩的面积，如绿灰色、紫灰色、红色等，版面很容易就达到了色彩调和

隔离调和

如果版面上的色彩较多，属于对比色彩，可以考虑运用色彩隔离来达到调和效果。在对比色插入两色之间的一种中间色可以达到调和，如在绿色与橙色之间插入黄色。或直接考虑插入无彩色系的黑、白、灰色（如图 6－38），以及

光泽色的金、银色进行隔离调和。无彩色系与光泽色可以作为底色，也可以勾勒外形，它们既可以烘托对比色的优点，又能使版面的对比色彩调和。

图6－38　《Hompar 上海》第4期。版面色彩丰富，但搭配浅灰与深灰的无彩色背景，再丰富的色彩也会呈现出调和的一面

秩序调和

秩序是色彩美构成的非常重要的形式。秩序构成是同一要素进行有规律的反复，或者两种相反要素有规则地交替出现，营造出某种秩序。秩序调和构成有色相秩序构成、明度秩序构成与纯度秩序构成，可以在色相、明度、纯度的不同方面形成秩序的规律变化，运用这种形式来调和版面上较多的色彩（如图6－39）。

图6－39　《MOY》第16期。背景形成褐色的明度秩序排列，使版面调和、统一

Di-liuzhang Dianzi Zazhi Zhong de Secai Duibi yu Tiaohe

互相混合调和

一些对比色难以进行调和，这时运用互相混合的方法，可以削弱矛盾感，使版面色彩趋向调和（如图6－40）。可以运用无彩色系互相混合，它能使色彩增加明暗层次，有一定调和作用。或者运用对比色彩的双方互相混合，在对比色彩中混合一些对方的色彩，可以形成过渡和缓冲，达到版面调和。

图6－40　《PocoZine》第64期。蓝色与黄色的对比，在两色衔接处，互相混合形成了渐变色的过渡，在两色之间形成缓冲，版面显得调和

概括来说，电子杂志版面色彩的调和主要有几种方法。第一，可以考虑主色调调和，确定主色调或确定冷、暖的主色调倾向。第二，可以提高或者降低双方色彩的纯度或明度。第三，使双方的面积大小有一定的差异。在大面积区域中放置对方色彩的小色块来作为视觉缓冲，也可以增加调和感。第四，在双方色彩之间插入中间色，或者插入无彩色系、光泽色来作为隔离色，如黑、白、灰、金、银等。第五，对比色彩形成色相、明度、纯度的秩序来达到调和。第六，运用互相混合的方法来调和版面色彩。

第七章

电子杂志的配色方案

一、色彩的象征情感

不同色相的色彩可以表现出不一样的色彩情感，了解色彩的象征情感，对于电子杂志色彩设计是很有帮助的。从心理学的角度来说，色彩具有象征性，色彩的联想既受到人们的经验、知识等方面的影响，也因为人们的年龄、性别、职业、民族等方面的差异而感觉不同。电子杂志设计师可以运用色彩的象征情感来表现不同的主题、情感和风格。

红色的热情

红色是强有力的色彩，性格刚烈、外向，是热烈、冲动的色彩，具有很强的刺激性。红色代表了热情、活泼、热闹、温暖、吉祥和幸福。红色容易引起人的注意，容易吸引目光，使人感觉兴奋、激动和冲动。同时，也容易引起视觉疲劳。红色与黑色的搭配被认为是商业成功色（如图 7-1）。不同明度、纯度的红色可以表达出不一样的感受。粉红色可以表现出柔情、娇美、害羞等感受（如图 7-2、如图 7-3）；深红色可以表现出稳重、成熟、高贵的感受（如图 7-4）。

Di-qizhang Dianzi Zazhi de Peise Fangan

图7-1 《SNGUO》第13期。红色是热烈的色彩。大面积红色作为背景，搭配模特服装的黑色，是商业上成功的色彩搭配

图7-2 《瑞丽裳》第44期。粉红色可以表现柔情、娇美、害羞感觉。粉红色恰到好处地衬托出可爱、甜美的气质，它适合女性、化妆品和服装内容的版面

图7-3 《瑞丽裳》第42期版面的粉红色调

图 7 - 4　《PocoZine》第 61 期封面设计。以深红灰色为背景，表达稳重、成熟、高贵的涵义

橙色的华丽

橙色代表了光明、华丽、收获、兴奋、快乐和辉煌。橙色的波长只小于红色，因此它也具有长波长色彩的特点，可以使人感觉到脉搏加速，并有温度升高的感受。橙色是十分活泼的光辉色彩，是暖色系中最温暖的色彩，它可以使我们想到金色的秋天，是一种富足、幸福的色彩（如图 7 - 5、图 7 - 6）。橙色与蓝色的搭配是最响亮、最欢快的色彩组合。浅橙色可以带来和谐、温柔、喜悦的感受（如图 7 - 7）；深橙色可以带来稳重、华丽、古典的感受（如图 7 - 8）。

图 7 - 5　《Awel》第 3 期。橙色是十分活泼的光辉色彩

图 7 – 6 　《PocoZine》第六期版面中的橙色

图 7 – 7 　《瑞丽裳》第 48 期。浅橙色令人感觉和谐、温柔

图 7 – 8 　《PocoZine》第 48 期。较深的橙灰色令人感觉稳重、华丽

黄色的明快

黄色代表了明朗、光明、快乐、高贵、希望和轻快。黄色是亮度最高的色彩，它灿烂、辉煌，有着太阳一般的光辉（如图7-9）。黄色有着金色的光芒，象征着财富和权力，还有一些神秘的宗教色彩。黑色或紫色的衬托可以使黄色的力量显得无限扩大。同时，黄色的性格冷漠、高傲、敏感，有扩张和不安宁的感觉。黄色是色彩中最为娇气的一种颜色。只要在纯黄色中混入少量其他的颜色，它的色相感和性格都会发生较多变化。浅黄色可以表现出明朗、愉快、希望、雅致的感觉（如图7-10）；深黄色可以表达出高贵、内敛、稳重的感受（如图7-11）。

图7-9 《Naked Wales》。黄色是亮度最高的色，令人想起太阳的光辉，感觉灿烂、辉煌

图7-10 《Soma》第15期。浅黄色和白色的搭配非常舒适，可以表示比纯黄色更为和谐的视觉效果

Di-qizhang Dianzi Zazhi de Peise Fangan

图 7 – 11　《Studio_ 83》第 7 期。深黄灰色的画面主色调很好地表达出内敛、稳重的情绪

绿色的青春

　　绿色代表了新鲜、平静、和平、柔和、安逸和青春。绿色是永恒的自然颜色，可以表现生命和希望，充满了青春活力（如图 7 – 12）。绿色象征着和平与安全、发展与生机、松弛与休息，可以缓解眼睛疲劳。绿色是具有黄色和蓝色两种成分的颜色，它将黄色的扩张感和蓝色的收缩感中和起来，将黄色的温暖感和蓝色的寒冷感都抵消了，所以，绿色的性格显得平和、安稳，是一种柔顺、恬静、满足、优美的颜色。鲜艳的绿色显得非常优美，是很漂

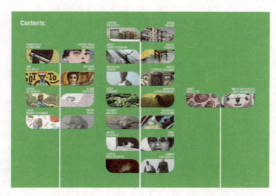

图 7 – 12　《moloko》第 8 期。绿色是永恒的自然颜色，代表了生命与希望，充满了青春活力。绿色地背景配合前景小苗状的目录页设计，很好的阐释了生命、活力的感觉

亮的色彩。黄绿色可以表现出清新、单纯、柔和、年轻的感觉；蓝绿色可以表现出清秀、豁达的感觉；浅绿色可以表现出优雅、休息、安全、宁静的感觉（如图7－13）；深绿色可以表现出茂盛、健康、成熟、生命的感觉（如图7－14）。

图7－13　《瑞丽妆》第50期。以浅绿色调搭配白色、浅蓝色，整体色调让人感觉宁静、优雅、清新

图7－14　《咪咕M3音乐》第59期。深绿色表达出茂盛、健康、成熟、生命的感受

蓝色的博大

蓝色代表了深远、永恒、沉静、理智、诚实和寒冷。蓝色象征着永恒与深远、广阔与博大，可以令人心情畅快（如图7－15至图7－16）。蓝色是博

大的色彩，有着广阔景色的天空和大海都表现出蔚蓝色。蓝色是最冷的色彩，可以使人想到寒冷冰川上的蓝色投影。蓝色是永恒的色彩，可以使人想到永恒的宇宙。蓝色可以衬托出活跃、有较强扩张力的色彩，是一个友善、谦虚的朋友，它的朴实、内向性格可以为其他色彩提供深远、广阔的空间。淡化后的蓝色仍然可以保持它的个性，浅蓝色可以表现出淡雅、浪漫、柔顺、平静、理智、清新、高级的感觉（如图 7－17）；深蓝色可以表现出稳重、成熟、冷静、严谨、深沉的感觉（如图 7－18）。

图 7－15　《时尚芭莎》第 18 期。蓝色代表了深远、永恒、沉静和寒冷

图 7－16　《瑞丽妆》第 38 期。黄色的阅读工具栏在蓝色背景上显得很突出

图 7 – 17　《光季吟》第 1 期。浅蓝色令人感觉淡雅、浪漫、柔顺、清新

图 7 – 18　《睿翼人生》第 5 期。深蓝色令人感觉稳重、成熟、严谨、深沉

紫色的高贵

波长最短的可见光是紫色波，紫色的明度在有彩色系中是最低的（如图 7 – 19、图 7 – 20）。紫色代表着高贵与奢华，优雅与魅力，具有庄重、神圣、浪漫的感觉。同时，也有孤独、神秘的意味。紫色象征着女性化。浅紫色可以表现出妩媚、优雅、娇气、清秀、梦幻的感受（如图 7 – 21）；深紫色可以表现出华贵、深远、神秘、孤寂、珍贵的感受（如图 7 – 22）。

Di-qizhang Dianzi Zazhi de Peise Fangan

图 7 – 19 《PocoZine》第 62 期封面设计。紫色是明度最低的有彩色。紫色代表着高贵与奢华，优雅与魅力

图 7 – 20 《Studio_ 83》第 7 期版面中的紫色

图 7 – 21 《PocoZine》第 60 期封面设计。浅紫色令人感觉妩媚、优雅、娇气、清秀。浅紫色将模特浅黄色的头发衬托出来，表达了既优雅又娇气的感觉

图 7－22 《摩登派》第 1 期。深紫色令人感觉华贵、深远、神秘、孤寂、珍贵

黑色的深沉

黑色是暗色，是纯度、色相、明度最低的非彩色（如图 7－23）。黑色令人感觉变幻无常，具有吸收光线的特点。黑色代表了崇高、坚实、严肃、刚健、庄严、深沉的心理感受，有时也意味着不详与罪恶。从古时候起，黑色就被人看做是代表死亡和悲哀的颜色。黑色是最有力的搭配色彩，可以和很多色彩搭配成具有良好对比调和的效果（如图 7－24、图 7－25）。

图 7－23 《Studio_ 83》第 6 期。黑色是明度最低的非彩色，令人感觉崇高、坚实、严肃、刚健、庄严、深沉。黑色调使画面中人物显得既沉着又具有力量和个性

图 7-24 《Yellow hub》第 3 期。黑色与红色的经典搭配，配合白色与个性的设计元素，画面显得独特而富有革命感

图 7-25 《时尚味觉》第 5 期。大面积黑色背景使前景照片的丰富色彩元素趋向统一，该篇文章主题介绍温州咖啡馆，以黑色作为背景，是着重表现咖啡馆是《温州夜色中一道靓丽的风景》的文章内容。

灰色的内涵

灰色是中性色，是黑色和白色之间的色彩。灰色是中等明度的无彩色，也叫做高级灰，是最经看的颜色。灰色给人品位、含蓄、精致、沉默、中庸的感觉，也给人一些忧郁、消极、颓废、寂寞、沉闷的感受。灰色可以调和其他色彩，削弱色彩的对立，有融合的作用，其他色彩加入灰色都会有含蓄、柔和的感觉（如图 7-26 至图 7-28）所示。灰色如果搭配不好，版面也会显得脏和灰暗。

图 7 – 26　《PocoZine》第 68 期。灰色令人感觉品位、含蓄、精致、沉默、中庸

图 7 – 27　《Fled Hommes》第 2 期。运用了中灰色和白色的渐变，营造画面的空间感和层次感，突出一种个性的感觉

图 7 – 28　《Soma》第 15 期。黑白灰的搭配运用形成了独特风格

白色的纯洁

　　白色是明度最高的无彩色，色彩感觉非常光明，是亮色。白色代表纯洁、纯真、朴素、神圣、明快、纯粹和高雅。白色具有圣洁的不可侵犯的感觉。如果在白色中加入其他的色彩，就会影响它的纯洁性，使它的性格变得含蓄起来。白色和黑色都能与其他彩色相搭配，形成明快的色彩搭配。白色与鲜艳的色彩相搭配，版面会显得清爽、有活力（如图7-29至图7-31）。

图7-29　《Trace》第84期。白色是明度最高的无彩色，令人感觉纯洁、纯真、朴素、神圣、明快、纯粹和高雅

图7-30　《Frace》第2期版面中的白色

图 7－31　《Face》第 2 期。朴素的黑白搭配，显得简洁而纯粹

二、无彩色运用

　　无彩色运用是运用黑、白、灰为主进行色彩表现。无彩色运用可以表现出个性的视觉美感，展现出具有深度的视觉张力，与彩色搭配的版面风格不一样。在电子杂志中，无彩色运用有着独特风格，如黑与白、白与灰、中灰与浅灰等无彩色的运用。无彩色运用可以表现出传统、稳定、前卫、艺术和现代等感觉，它的版面风格很独特，具有很强的记忆力。同时，无彩色运用也可以表现出死亡、疾病和恐怖等感觉，单纯的无彩色运用容易带有过于素净的单调感（如图 7－32 至图 7－34）。

图 7－32　《Naked Wales》版面的无彩色运用。深灰色文字与白色背景搭配显得个性、简洁、大方

图 7 − 33 　《Awel》第 3 期版面的无彩色运用。简洁的文字与插图，灰色与黑色的无彩色色调，体现了版面的素净、个性

图 7 − 34 　《观瓷》第 1 期版面的无彩色运用。深灰色背景搭配白色的页面令人感觉对比明确。背景具有纹理而显得有一定的层次感，整体版面给人大方的感觉

　　无彩色与有彩色搭配时，既可以使彩色的喧闹感平静下来，也避免了只使用无彩色的单调感觉。无彩色是调和电子杂志版面上较多色彩的有效方法，如果电子杂志版面中的色彩显得种类很多，运用大面积的无彩色进行调和是很有效的措施。无彩色与有彩色的搭配方式有很多，如黑、白、灰与其他彩色的搭配，黑红的经典搭配等（如图 7 − 35 至图 7 − 39）。如果版面中无彩色的面积比较大，则偏重大方、庄重的感觉；如果版面中有彩色的面积比较大，则偏重活泼的感觉。同种色的版面看起来显得比较单调。同种色与无彩色相搭配，就可以消除这个缺点，使版面的色彩配色有一定的层次感，显得大方、活泼和稳定。

图 7 – 35　《A. 23》第 4 期版面无彩色与有彩色搭配。黑白照片体现出一种经典感和艺术感。文字以黑色为主，少部分使用红色、蓝色，搭配白色的背景色，整个版面展现出大方、庄重的感觉

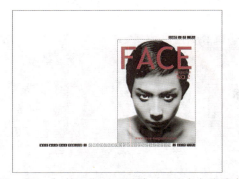

图 7 – 36　《Face》第 2 期封面设计。无彩色与有彩色搭配

图 7 – 37　《Jetpac Magazine》第 1 期目录页的无彩色与有彩色搭配。大面积的白色与小面积黑色搭配，右下角的目录标题使用黄色，在黑色长方形背景色上显得格外引人注目。版面显示出大方、现代、纯洁的感觉

图 7 – 38 《Artz Mania》版面无彩色与有彩色搭配。以深灰色和黑色为主，
整体版面显得庄重。左下角排列整齐的多种色彩照片具有活跃的作用

图 7 – 39 《火星 CG》第 54 期版面的黑色与红色搭配

三、单纯色彩运用

单纯色彩运用指一种色彩的运用，包括了单色的运用和双色调的运用。
使用单纯色彩的电子杂志版面带有明确的色彩倾向，可以表现出单纯、简洁
的版面效果（如图 7 – 40）。单纯色彩可以传达出清晰、准确、集中的想法，
类似于无彩色的单纯感受，同时，它又有明确的色彩倾向。双色调是单纯色

彩作为色彩的应用模式（如图 7 - 41），双色调可以简化摄影图像的细节，形成单纯、统一的色彩对比。

图 7 - 40　《Studio_ 83》第 7 期版面的单纯蓝色

图 7 - 41　《Studio_ 83》第 7 期。近似于黑白新闻摄影感觉的双色调照片

四、二色和三色运用

二色与三色运用既有一定的色彩调和性，又因为有一些色彩对比，版面具有一定的活力与视觉冲击力（如图 7 - 42、图 7 - 43）。两色运用有单一彩色加无彩色、邻近色、对比色等搭配。三色运用是在两个色彩的基础上再增加一个色彩，如两种彩色加无彩色的搭配、三原色的搭配等。

图 7 - 42　《Hompar 上海》第 2 期。红灰色与灰色的搭配

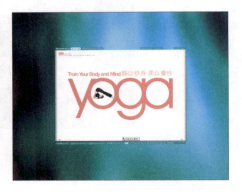

图 7 - 43　《PocoZine》第 8 期。蓝灰色、粉红色与白色的搭配

Di-qizhang Dianzi Zazhi de Peise Fangan

五、三色以上和全彩色运用

在电子杂志版面中使用较少的色彩可以达到干净、单纯的感觉。但在另一些版面设计中，所使用的色彩往往超过了三种，有五六种色彩，甚至是全彩色的色彩运用。全彩色运用可以使读者眼前一亮，提升视觉的丰富感和兴奋感。有些电子杂志版面的内容本身就是色彩繁多的图片，更需要设计师考虑到多种色彩并置的搭配技巧，有效地调和版面中的色彩元素，避免版面色彩的杂乱无章。

全彩色运用指版面中的色彩包含了色相环上的各种颜色，具有多彩、全面的视觉感受。在电子杂志色彩搭配时，一些全彩色的运用需要多种色彩调和手法来使版面色彩达到和谐，如形成秩序或渐变，运用无彩色黑、白、灰来进行隔离与调和，调整对比色彩的面积大小，形成主色调，以及调整色彩的明度、纯度等方法（如图7－44至图7－50）。

图7－44 《Artz Mania》版面色彩运用，通过无彩色系调和与调整色彩的面积大小来使版面色彩配色趋于稳定。背景大面积的黑色、右边的浅灰色块等无彩色系对版面色彩有调和的作用。在左边的多张图片中，设计师有意放大蓝色调图片的面积，使蓝色调成为较大面积的色调，紫色、黄色和绿色的色块面积相对较小

图7－45　《Display》第23期版面色彩运用，通过无彩色系调和与调整色彩的
面积大小来使版面色彩配色趋于稳定。红色成为版面中面积最大的色彩，暗红
灰色的背景对红色主色调有强化作用。右下角的紫色块和极少的黄色相对来说
面积较小，有点睛和提亮的作用，并不影响红色调的主体位置。无彩色系的黑
色色块有很强的色彩调和作用

图7－46　《Artz Mania》版面的全彩色运用，运用了大面积的无彩色系进行调和与
秩序调和的手法。有着大面积的无彩色系黑色、白色作为背景进行调和，前景即使
色彩丰富，整个版面也趋向和谐。前景插图的不同色相形成有秩序的排列，表现出
色彩的秩序感

图7-47　《PocoZine》第6期版面色彩运用，通过无彩色系调和、主色调调和、形成色彩秩序调和等方法来使版面较多的色彩并不显得杂乱。背景色彩的纯度虽然较高，但主要是橙红色调。前景高纯度的几块色彩面积很小，有一些秩序感。搭配了大面积的无彩色系白色，整体版面趋于稳定

图7-48　《瑞丽裳》第37期版面的全彩色运用，运用主色调调和、无彩色系调和与秩序调和等方法使版面趋向稳定。背景的蓝色调形成了具有支配性的色调。大面积的白色具有很强的包容性，即使版面上有黄色、橙色、玫瑰红色、蓝色、青色等全彩色，但排列有序，版面仍然形成了和谐统一的效果。

图7–49　《Viziomag》第4期目录页色彩运用，运用秩序调和与主色调调和等方法使版面显得稳定。多样化的杂志图片内容形成了各种色彩均有的版面，该目录页设计使用网格，将各类视觉元素进行有序排列，并依据感性进行一定的大小对比，使版面色调倾向暖色调，体现出秩序的画面效果

图7–50　《Hompar 上海》第4期版面色彩运用，通过无彩色系灰色进行调和、主色调调和与秩序调和等方法使版面趋向统一。大面积的无彩色浅灰背景有很强的调和作用。画面虽然是各种色彩均有的全彩色，但还是以偏暖的黄橙色调为主，彩色线条形成有节奏的秩序，整个画面统一协调

六、不同主题的版面印象

时尚浪漫的印象

时尚浪漫的版面印象多是时尚类电子杂志追求的版面效果（如图 7-51 至图 7-53）。这类版面多选用相关时尚类元素，如服装、饰品、箱包、年轻漂亮的模特、可爱浪漫的表情、轻快流行的歌曲等，即使有酷感的模特图片，也是为了版面的酷炫时尚感，而不是让人觉得严肃。色调以粉色系居多，但也不乏高纯度或低明度的色调。页面版面以白色居多，整体版面给人感觉轻快、可爱、时尚、浪漫。

图 7-51　时尚浪漫印象的基本色调

图 7-52　《瑞丽裳》第 44 期版面的时尚浪漫印象。运用了年轻时尚的女模特、各种精美佩饰的图像和俏皮感的设计小元素，粉红色与白色搭配，展现出一种时尚、可爱、浪漫的版面风格

主色调

辅色调

点睛色

背景色

图 7－53　《时尚芭莎》第 18 期版面的时尚浪漫印象。时尚酷感的女模特，粉
蓝色与白色搭配，展现出略带酷感的时尚版面

休闲生活的印象

休闲生活的印象一般是休闲类或生活类电子杂志所追求的版面印象（如
图 7－54 至图 7－56）。这一类版面往往具有怀旧风格，又有些个性的感觉。
版面元素来源于生活，或能引起读者一种淡淡的思绪，或能唤醒旧日时光的
记忆，或者纯粹是生活工作中的体己话和小秘诀。如具有生活感的照片使你
感同身受，而类似旧时的物件又让你想起童年，这些元素虽然普通平淡，却
总有一种共鸣感。这类电子杂志版面给人以放松、休闲、回忆、情趣的感觉。
色调上以低纯度的灰色调居多，特别是黄灰色调，既能给人温暖的、淡淡的
感觉，又有怀旧感觉。版面也有不少高纯度色彩，整体印象还是给人愉悦的
感受。

图 7－54　休闲生活印象的基本色调

图 7 - 55　《遇》第 13 期版面的休闲生活印象。淡淡的雏菊，躺在草地休闲的照片，浅色的渐变色，都表现出了休闲、生活的感觉

图 7 - 56　《开啦》第 47 期版面的休闲生活印象。古旧的用品，墙面的旧肌理，黄灰色的怀旧色调，体现出一种怀旧、熟悉、生活的印象

自然清新的印象

自然清新的印象一般是由自然无际的森林、大海、蓝天等视觉元素所形成的电子杂志版面印象（如图 7 - 57 至图 7 - 59）。这类版面以绿色调和蓝色调为主，适当的白色能增加清新的感觉。这类版面印象一般为地理类、户外运动类、生活类等电子杂志所采用。

图 7 - 57　自然清新印象的基本色调

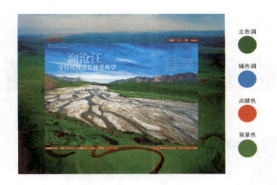

图 7−58 《中国国家地理》第 581 期版面的自然清新的印象。开阔、精良、大气的风景摄影照片，绿色与蓝色的搭配，表达了大自然的大气、清新的印象

图 7−59 《InterPhoto 印象》第 61 期版面的自然清新的印象。大海的图像，浅浅的蓝绿灰色调，表现出自然、清新、柔和的版面印象

手绘个性的印象

    手绘个性的版面印象突出表现为手绘的插画、涂鸦或个性元素在电子杂志版面上的应用。这类元素的运用使版面具有独特个性，版式自由，肌理感强（图 7−60 至图 7−62）。手绘元素是减少计算机设计的冰冷、单调感的有效途径，它既可以营造个性的版面风格，又可以活跃版面，使版面鲜活、生动。在色彩配色方面，此类版面既可以采用无彩色或低纯度色彩来表现一种艺术的个性，又可以结合亮色表现出活泼感。

图 7 – 60　手绘个性印象的基本色调

图 7 – 61　《Display》第 27 期版面的手绘个性印象。原创的手绘插画对版面风格起着主导作用，富有肌理感与风格感，还有自由的墨水点等肌理元素，白色与低纯度的黄灰色搭配，使版面呈现出具有强烈手绘风格的个性印象

图 7 – 62　《GizMag》第 7 期版面的手绘个性印象。直接用笔将文字写出来，一些字意用手绘的小图形代替，既有幽默感，又表现出个性。小图形的亮色带来一些活泼感

古典文化的印象

　　古典文化类版面是和中国传统文化相关的电子杂志版面所追求的效果（如图 7 – 63 至图 7 – 65）。版面中大量运用中国古典文化元素，如水墨、书法、中国画、中式建筑、玉、云纹等，有的版面干脆采用中国古典编排方法，

段落文字是竖行从右至左排列。在按钮设计上，加入古代纹样元素，使按钮变得古色古香是这类版面常用的方式。背景音乐也富有中国古典感，有的甚至直接选用琵琶、古筝等中国传统乐器弹奏的乐曲作为背景音乐。色调以红、黄、红灰、黄灰、蓝灰为主，这些色彩和人们心目中的古老中国色彩印象相符。

图7-63　古典文化印象的基本色调

图7-64　《鉴赏》第2期版面的古典文化印象。正文的从右至左竖直编排形式，水墨画、云纹、书法字体的使用，以及背景的中国画，都体现出中国古典文化风格

图7-65　《Hompar上海》第2期版面的古典文化印象。象形的书法"虎"字、云纹与印章，背景"福"字的各种书法体秩序排列，红色与纯度很低的黄灰色搭配，表现出浓郁的中式风格

力量速度的印象

力量速度的版面印象主要表现出刚强、力量、酷、速度的感觉，偏男性化（如图 7 - 66 至图 7 - 68）。这类电子杂志版面主要采用具有酷炫质感的元素、斜向视觉流程、具有速度感的电子或摇滚音乐，表达出都市的酷感或者力量、刚强的一面。版面色彩的明度、纯度对比都很强，以体现出力量的感觉。

图 7 - 66　力量速度印象的基本色调

图 7 - 67　《Hompar 上海》第 4 期版面的力量速度印象。斜向的元素方向具有速度感，酷感的文字设计与斑驳的肌理效果，高纯度的黄色与低纯度深灰色搭配，都表现出力量、速度的感觉

图 7 - 68　《2D Artist》第 38 期版面的力量速度印象。标识与版面奔跑人物的倾斜形式，加上爆炸场面、个性的字体设计，使版面具有速度感和力量感

奢华高贵的印象

奢华高贵的版面印象是电子杂志的纪念版专题、周年专题或奢华品牌的对应版面所追求的效果（如图 7 - 69 至图 7 - 71）。这类版面常采用璀璨的星

光、钻石或黄金装饰的文字、繁复的饰品、奢华的场景为主要元素，有的突出一种欧式复古风格，有的则营造宝石璀璨的版面，令人觉得倍感耀眼。常见两种色调，一种是高贵而神秘的暗紫色调，另一种是华丽而灿烂的金黄色调。也有其他色调，体现出不一样的奢华感觉。

图 7 – 69　奢华高贵印象的基本色调

图 7 – 70　《PocoZine》第 56 期版面的奢华高贵印象。欧式奢华的家居陈设与画框，带光感的背景纹理，以及深、浅紫红灰色的对比，表达出版面的奢华、高贵感觉

图 7 – 71　《摩登派》第 1 期版面的奢华高贵印象。背景璀璨的星光与前景精美的珠宝佩饰，展示出一种奢华、高贵的印象

电子杂志设计分析

一、艺术设计类

艺术与设计类电子杂志主要包括艺术、设计、CG、视觉设计、插图、影像、当代艺术、涂鸦等方面的内容。杂志的设计更具有创意、个性，创造性的版面层出不穷，特别是国外 PDF 电子杂志，整体设计极具创意。艺术与设计类电子杂志的版面风格变化多样，各不相同。杂志更注重综合运用多种版面编排的设计手法，突出内容的专业性和设计感，同时富有创造性、前卫性、启发性，视觉冲击力很强。

《Newwebpick》

《Newwebpick》（http：//www.newwebpick.com）是网络版的创意与潮流电子杂志，是数码艺术领域中最权威的信息交互平台之一。双月刊，全年发行六期杂志，有多国语言版本。杂志支付卡由各国的设计师原创设计，全年售价只需要 28 元。该杂志的平均每期下载量大约是 400 万，包括来自 155 个国家的 10592 个城市的读者。《Newwebpick》的内容涉及了广告、网站、Fash、平面、街头艺术、插画、3D、产品与包装、建筑与空间、摄影和时装等艺术设计的多个方面，展示世界上最前沿的设计作品，收集最新的国际设计资讯，并分析某个时期的设计艺术新动向。该杂志可以帮助专业设计师与广泛的设计爱好者提高艺术品位，也可以作为一种创意的灵感来源。

图 8 - 1 是《Newwebpick》第 28 期的设计，该期有 190 页。《Newwebpick》偏爱用富有个性的原创插画来作为背景设计和封面设计，该期

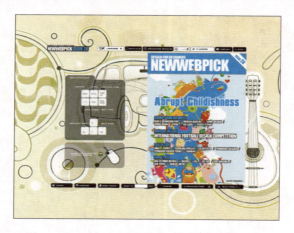

图 8 - 1（a）《Newwebpick》第 28 期的封面设计。重要的杂志标识被安排在版面左上部这个注目率较高的位置。封面上的原创插画占据了很大的面积，背景的原创插画作为衬托，使封面设计显得艺术设计感十足。封面的标题文字以黑色或白色进行勾边，因此不会被下层的插图所影响，标题文字容易辨认

图 8 - 1（b） 目录页设计。极细的线将杂志的不同栏目分割成网格状，使其排列显得一目了然。背景的低纯度黄灰色调和页面上的大面积白色使面积较小的高纯度色彩趋于稳定

图8-1（c）　内页设计。大面积的插图和极少的文字使版面看起来大气、豪华，插图上激烈战争场面的细节得到了更好的展现

图8-1（d）　点击阅读工具栏上"语言"按钮的版面效果。点击该按钮，就可以展开包括10种语言版本的下拉菜单，选择相应的语言，就可以阅读电子杂志的该国语言版本

背景就是杂志介绍的一位巴西女插画师的作品局部。图8－2是《Newwebpick》第21、24、25、26期。《Newwebpick》展示的大量设计作品都非常精彩，设计的风格各不相同，受到来自不同国家的大批读者的喜爱和欢迎。杂志的"事件"栏目喜欢使用日历形式来设计，既带给人新鲜的感觉，又能够方便记忆，显得一目了然。电子杂志的版面设计既具有一贯的理性与

简洁，又因为作品的精美和多样化而显得内容很丰富。

图 8－2 《Newwebpick》第 21、24、25、26 期

《CGArt Style》

《CGArt Style》（http：//cgart．cgfinal．com）是中国第一本网络版的专业CG 视觉艺术杂志，是中国 CG 视觉艺术的主导期刊。《CGArt Style》有信息、访谈、特写、影视、教程、网页、视觉、设计、资源、新人等十个栏目，内容涉及了概念艺术、插画、工业设计、影视包装、广告设计、游戏动漫、建筑环境、用户交互和网页设计等艺术设计的多个方面。杂志得到了国内外大量的 CG 爱好者的支持和欢迎，读者已经超过了一百万。

《CGArt Style》一般使用精美的原创 CG 插画作为封面插图，各期封面的主色调一般依据所选插图来定。杂志的背景设计很有特色，设计感很强，它的基本元素得到延续使用，但它的配色却随着每期封面的主色调不同而进行变化，这使得电子杂志的不同期之间有较强的连续性。《CGArt Style》的阅读工具栏设计较为独特，它不像一般的阅读工具栏将按钮分布在页面的四周，而是将所有相关的按钮都放置在页面的上方。阅读工具栏为浅灰色调，左上角的 LOGO 设计成水晶的质感。阅读工具栏可以实现自动翻页，还包括了一些具有实用功能的按钮，像"CGArt 网站"、"合作联盟"、"联系我们"、"帮助"、"暂停音乐"等按钮。图 8−3 是《CGArt Style》第 34 期的设计，该期有 412 页。图 8−4 为《CGArt Style》第 29、31、32、33 期。

图 8−3（a）《CGArt Style》第 34 期的封面设计。精美的插画占据了封面的大部分面积，与《Newwebpick》不一样的是，它并没有放置封面标题，在这里，读者可以细细地欣赏插画。

图 8−3（b）　内页设计。大面积的插图和少量的文字使版面显得大气、开阔，精彩的细节得到展现。《CGArt Style》专门为放置在左边的栏目标题空出了白边，左边白底黑字的文字就是该版面的中英文栏目标题

图 8-3（c） 内页设计。黑色的主色调使版面展现出个性、酷的独特感觉

图 8-3（d） 内页设计。大面积的原创插画看起来非常精美。左下角的标题文字组合成了块状整体，运用了斑驳的肌理，具有历史沉淀感

图 8-4 《CGArt Style》第 29、31、32、33 期。第 31 期专门为新年设计了符合中国传统观念的大红色调，封面和背景特意加上"恭贺新春"的圆形剪纸与"谨贺新年"的孩童闹新春插图，彰显出新年的喜气、热闹

《Bak》

　　《Bak》（http：//www.bakmagazine.com）是来自土耳其的视觉设计电子杂志，包括了设计、数字插画、摄影、油画、视觉创意等多个方面内容。《Bak》的版面设计风格新颖，形式多样，设计手法富有创造力。从整体上看，由于《Bak》采用了网格体系进行设计，读者在阅读文章时感觉比较稳定，心情也感觉沉着、冷静。网格设计在信息的传递和导向上发挥了很大的作用。《Bak》运用了丰富多样的设计手法和富有张力的色彩节奏，使版面显得极富吸引力，新鲜感很强。重复运用的网格和既有延续性的设计元素，使不同页面的风格显得具有连续性又有各自独立的个性，多种成熟的设计手法和熟练的色彩搭配使版面不断形成新的兴奋点和吸引力。图8-5是《Bak》第14期的设计，该期有287页。

图8-5（a）　《Bak》第14期的封面设计。运用原创的个性插画作为封面主要元素。封面标题放置在左下角，显得较为规整。背景设计是木板的真实纹理，包含了水平线元素，令人觉得熟悉、平静

图8-5（b）　《Bak》第14期的目录页设计。与杂志的编辑部门页面采用了同一种风格的设计。斜线、标题字母的延长线，以及自由排列的数字"2"都使版面显得个性十足。红色调与白色的配色使版面显得热烈而明朗，采用不同明度的橘红、红、深红，使版面富有层次感而不单调

图 8 - 5 （c） 内页设计。富有震撼力的插图主导了整个版面的气势，巧妙之处在于标题文字"Marcell Bandicksson"与插图的穿插设计，使文字与图像融为一体，具有呼应感。段落文字右对齐，加强了版面向右方向的动势

图 8 - 5 （d） 内页设计。做旧的纸页效果与右边超现实主义插图相搭配，引言以大引号、方形色块的形式突显，不同层级的文字使用稍有变化的色彩，整个版面看起来富有条理感和层次感

图 8 - 5 （e） 内页设计。大面积留白设计使视觉得到暂时休息。标题设计极富趣味感，肌理丰富，与手绘蝴蝶能够很好地结合

图 8 - 5 （f） 内页设计。左边的插图具有很强的视觉冲击力。版面使用该期杂志常用的网格，大引号、方形色块的引言，沿用前面类似版面的设计风格，使这种版面风格得到强化

图8－5（g） 内页设计。标题文字、段落文字与人物的姿势、表情具有内在的联系，力势趋向平衡，形成紧密的整体。不同明度的粉红色与大面积白色搭配，形成明快、简练，又不失柔和、时尚的版面感觉

图8－5（h） 点击阅读工具栏上"缩略图索引"按钮的版面效果。点击该按钮，版面下方就显现出多个页面的小缩略图，可以点击小图跳转到相应的页面

《Bak》的阅读工具栏只有简单的翻页功能，缺少"目录"、"封底"等主要的功能按钮，显得不够全面。但它的特色之处在于有"缩略图索引"按钮。点击该按钮，就可以同时预览到前后多个版面的缩略效果，这个功能对于没有"目录"按钮的设计来说有一些实用性。《Bak》以实物纹理作为背景，动画效果极少，画面素净而熟悉。页面以沉着的色调居多，但也不乏艳丽、多彩的页面。有些页面使用纸质纹理作为页面的背景，使电子杂志页面更加贴近真实。也有的使用做旧的纸质效果，表达了一种历史和沧桑感。《Bak》的整个设计以内容为中心，令人感觉精美而沉静。它的版面设计很精彩，文字和图片的巧妙搭配令人觉得恰到好处，经典而富有新意。

《Viziomag》

《Viziomag》（http：//www. viziomag. com）是来自玻利维亚的艺术设计电子杂志，创刊于2008年7月。《Viziomag》的目的在于启发和分享来自世界各地艺术家的最佳作品，内容丰富而精良。杂志内容包括了艺术、摄影、街头艺术等方面，介绍的设计作品很精彩，各自具有强烈的个性风格。图8－6是

《Viziomag》第 4 期的设计，该期有 670 页，页数非常多。图 8－7 是
《Viziomag》第 2、3 期设计。

图 8－6（a）《Viziomag》第 4 期的
封面设计。封面和背景均采用原创
插画，既具有强烈个性，又具有丰
富的空间感。封面标题用黑色勾
边，在复杂的插图上仍然能清晰
辨认

图 8－6（b）　编辑致辞页面设计。
严谨的网格将版面的文字和图片规
整地排列起来，显示出有序和理性。
页面渐变色背景上极细的水平线纹
理使设计看起来更精致，层次感更
丰富

图 8－6（c）　目录页设计。网格使
丰富精美的原创设计显得层次清楚
而不凌乱。特色之处在于将内页介
绍的动画短片直接放置在目录页左
下角，这样形成动静对比，有一定
的趣味

图 8－6（d）　内页设计。版面左边
根据段落文字的长短设置了相应的
黑色底色，既使文字的易读性更强，
又显得更具版面个性

图 8 - 6（e） 内页设计。左边红色背景的文字段落是设计的亮点。立体感的红飘带与文字的红色背景结合在一起，背景的深红色调使版面趋于统一

图 8 - 6（f） 内页设计。插图极富个性和吸引力，文字编排显得理性而清楚

图 8 - 7 《Viziomag》第 2、3 期。

《Display》

　　《Display》（http：//www. thaiegazine. com/egaz/）是来自泰国的艺术、设计类电子杂志，由 thaiegazine. com 网站出品。至今已发行了 40 多期，每期的设计和制作都非常精美，主要涉及平面设计、插画、电影等方面的内容。图 8 - 8 是《Display》第 40 期的设计，该期共有 377 页。图 8 - 9 是《Display》第 25、27、37、39 期。《Display》的内容非常广泛，介绍的设计师和作品风格迥异，观看同一期电子杂志的不同文章都感觉很新鲜，态度专业而不浮夸。不懂

泰文的读者，也可以观赏其个性的各类设计作品，以及最新的电影介绍等内容。《Display》的阅读工具栏有很强的水晶质感，按钮也设计得很有 3D 质感。

图 8－8（a）《Display》第 40 期封面设计。该期主题文章的标题放置在封面上，衬以半透明的白色渐变背景，使标题文字从封面图像中突显出来

图 8－8（b）编辑致辞页面设计。沾满雨点的玻璃背景图像略显凌乱，文字段落下面衬以半透明的白色渐变背景，易读性就更强了

图 8－8（c）目录页设计。黑白两色的搭配显得简洁而纯粹。利用平行线的近大远小来表达版面深邃的空间，又像是路的延伸。有几条平行线缺了一小段，使版面更显生动

图 8 - 8（d） 内页设计。纷杂的各种图像元素被放置在版面的四周，两条平行的粗黑线与分散的黑色小色块丰富了版面的层次感。文字放置在中间空出来的部分，白底黑字，易读性仍然很强

图 8 - 8（e） 内页设计。粗略一看，版面下部似乎过重了，其实是为了留出足够空白来突出右上角的鞋。版面上不太重要的元素大致为黑、灰色，而鞋和标题则是红色，在白色的版面上尤显突出

图 8 - 8（f） 内页设计。黄灰色的纸质纹理与撕边效果与手绘插画相得益彰，使版面显得更生活化，也更生动

图 8－9 《Display》第 25、27、37、39 期

《Ho！designer》

《Ho！designer》（http：//www.hodesigner.com）是泰国的设计类电子杂志。该电子杂志具有很强的民族化风格，华丽的民族纹样背景设计，精美的大象形状阅读工具栏、树叶形状按钮设计，LOGO 的设计，象形图案，无不展现出该电子杂志浓厚的泰国民俗风格。该电子杂志主要包括多个优秀设计师的原创作品，目录是各设计师的罗列，点击可以直接到达该设计师的介绍页面。该电子杂志的民族风格令人印象深刻，但美中不足的是阅读工具栏的辨识度不够，而且功能也不够强。阅读工具栏的设计形式感很强，木制的质感既古朴又具有很强的真实感，两边的木制大象显得尤为真实，但是工具栏只有"封面"、"封底"、"目录"、"关闭"四个主要功能按钮，以及另外两个链接到电子杂志网站和网站博客的按钮，功能性不强。缺乏"上一页"和"下一页"按钮，也不能使用左右箭头的快捷键，读者只能用鼠标点击左键不放，来完成翻页的动作。另外，工具栏使用泰文，排列方式和一般的不太一样，这也让国外读者需要点击验证多次，才能逐渐掌握该阅读工具栏的使用方式。图 8－10 是《Ho！designer》第 3 期的设计，具有浓郁的泰国民族风格。

图8-10（a） 《Ho！designer》第3
期封面设计。中央的插画使封面具有
个性的感觉。背景设计显得富丽堂
皇，整体带有浓郁的泰国民俗风格

图8-10（b） 目录页设计。采用对
称的感性编排设计手法，版面规整
而富有古典感

图8-10（c） 内页设计。左边插
图富有泰国的民俗风格，右边空出
的部分放置段落文字。浅粉色调与
目录页色调一致，也使其上的深色
文字容易辨认

图8-10（d） 内页设计。该杂志不
乏精美、有趣的设计作品

《Artz Mania》

　　《Artz Mania》（http：//www. artzmania. com）是无纸出版网站发行的电子
杂志，包含各类别设计师的原创作品，以艺术设计的内容为主。《Artz Mania》
的界面设计很精美，极富3D感，深灰色的色调搭配局部的红、绿、蓝亮色，视觉冲击力很强。阅读工具栏的按钮使用很方便，可以满足多方面的阅读需求。图 8 – 11 是《Artz Mania》的设计，该杂志共有 260 页，收集了多个设计工作室或设计师的原创作品，内容精彩而丰富。

图 8 – 11（a）《Artz Mania》封面设计。不同大小、透明度的文字放置在封面背景图像上，形成一个层次丰富的整体

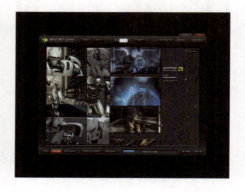

图 8 – 11（b） 内页设计。网格将多张图片排列得井然有序，其中图片的大小又有一些变化。右上部设计工作室的 LOGO 和文字成为引人注意的部分

图 8 – 11（c） 内页设计。这是本期《Artz Mania》多次采用的版式，左边约四分之三版面放置设计工作室的作品，右边四分之一放置工作室的 LOGO 与介绍文字

图 8 – 11（d） 点击阅读工具栏上"放大镜"按钮的版面效果。屏幕较小或年纪偏大的读者可以方便地使用这一功能，它有三种放大的方式，此图是即时放大效果，移动鼠标，就可以看到该页面任意位置的放大内容

图8－11（e） 点击阅读工具栏上"缩略图"按钮的版面效果。该功能可以同时查看多个页面的缩略图

图8－11（f） 点击阅读工具栏上"索引"按钮的版面效果。可以直接点击索引文字，跳转到相应的页面。该版面的水晶质感非常逼真，具有很强的三维感

《2D Artist》

《2D Artist》（http：//www. 2dartistmag. com）和《3D Creative》是英国知名CG类PDF格式电子杂志，由Zoo Publishing与3dTotal联合推出。两者都是CG电子月刊，是一本付费的电子杂志。主要阅读对象为2D&3D艺术家、CG从业人员，内容涉及了CG业界新闻、评论、采访、教程和一些比赛信息等。每期的《2D Artist》都包含4篇以上的精品2D教程，内容涉及插画设计、概念设计、电影及游戏场景绘制，同时还在每期中推出一到二位大师进行高端对话或案例访谈。

图8－12（a） 内页设计。严谨的网格使版面上的图片和文字显得理性、条理清晰

图 8 – 12 （b） 《2D Artist》第 56 期封面设计。杂志的标识、封面的标题及其他元素被有意识地安排在版面的四周，使插画中的机器人显得很突出。标识的一小部分被机器人所遮挡，保留了机器人的完整外形，也使版面更具层次感和空间感

图 8 – 12 （c） 内页设计。笔记本式的真实纸质效果与贴纸效果，使文章就像写在笔记本上一样真实，具有模拟真实的纸质肌理感

图 8 – 12 （d） 内页设计。做旧金属材质的标题与边框设计，切角的边框外形设计，使《游戏的概念艺术》一文富有宇宙感、概念感与酷感

图 8 – 12 是《2D Artist》第 56 期的设计，共有约 88 页。图 8 – 13 分别为《2D Artist》第 44、46、47、48 期《2D Artist》和《3D Creative》的版面设计显得理性、成熟、个性，网格设计得到很好应用，同时也运用了多样化的其他设计手法。其内容非常精湛，不论是 2D 设计稿，还是 3D 效果图，都具有很高的设计水平，受到多国设计类读者的喜爱。

图 8 – 13 《2D Artist》第 44、46、47、48 期。

《Castle》

　　《Castle》（http：//www.castlemagazine.de）是来自于德国的插画设计电子杂志，PDF 格式。图 8 – 14 是《Castle》第 16 期的设计，该期共有 92 页。它的内容涉及了大量自由插画师、艺术家或其他创意作品，这些都是独特的原创设计作品。这本杂志在发展中风格有一些变化，电子杂志的版面设计令人觉得自由、随意，精心的设计中显示出轻松。杂志中的插画师作品风格独特、另类，各不相同，具有先锋性与实验感。

图 8 – 14（a）《Castle》第 16 期的封面设计。文字和图形元素自由地排列在版面上，并形成一定方向的动势

图 8 – 14（b） 目录页设计。该页设计与编辑部门页面的风格相一致，都有丰富的斑驳肌理、层叠的各式图形以及理性的文字段落排列。目录页上的目录包含链接，点击标题，就可以跳转到相应页面

图 8 – 14（c） 内页设计。版面采用理性的网格设计，文字段落左对齐的方式使版面呈现出一些变化，使版面在理性中具有一些活跃的感觉

图 8 – 14（d） 内页设计。版面采用了均衡的原则进行设计，插图具有向右上角飞腾的动势，点元素给版面增添了活力

《Y Sin Embargo》

《Y Sin Embargo》（http：//ysinembargo. com）/uebi/是来自西班牙的艺术、摄影电子杂志。图 8 – 15 是《y sin embargo》第 21 期的设计，共有约 80 页。该期主题是"墨水或链接？"因此各种色彩的墨水点、墨渍肌理、墨水手写文字成为版面设计反复使用的元素，使版面既具有视觉风格的延续性，又

有变化和新意。《Y Sin Embargo》第 21 期的版面既显得理性、简洁，又透出特立独行、随意的感觉。

图 8 – 15（a）　《Y Sin Embargo》第 21 期封面设计。特殊角度、明度对比强烈的照片使版面形成斜向视觉流程，能较快吸引注意力，有不稳定和活泼的感觉

图 8 – 15（b）　内页设计。有几行文字刻意突破文本框的限制，使版面表达出特立独行的感受

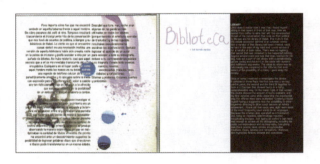

图 8 – 15（c）　内页设计。版面使用方形面具有稳定感，但文字和其他元素的编排却表达出一种自由的方式，字行的长短不一，左对齐和右对齐的同时使用，手写文字元素，以及带有墨渍的纸质肌理，都显示出版面的随意与个性

图 8 – 15（d）　内页设计。明度对比强烈的背景图像使版面分割成不同明度的区域。文字与图像在色彩、形状上有一定的联系，但仍然表现出较为自由的编排形式

二、时尚类

　　时尚类电子杂志是最受读者喜欢的杂志类别之一，时尚类电子杂志往往图片较多、较大，文字内容较少，符合网络"浅阅读"的特性。这类杂志可以有效地运用动画形式，声音的加入也为氛围的营造和风格的建立发挥着较大的作用。当然，动画不能过长，不然读者会失去等待的耐性。时尚类电子杂志常见内容大部分围绕时尚而展开，如流行服装或妆容的趋势、时尚摄影师的新作、流行话题、浪漫休闲的旅游胜地，以及流行美食等内容。常用的设计元素有各类时尚元素和年轻模特的摄影照片。版面可以展现出优雅简洁的淑女风格，或活泼浪漫的青春风格，或星光璀璨的复古风格，这些版面风格都与时尚感联系起来。

《PocoZine》

　　《PocoZine》（http：//read. poco. cn/pocozine. php）是 POCO 于 2005 年 1 月 25 日创办和发布的第一本电子杂志，月刊，被称为中国地区第一本"高端、时尚、互动"的白领休闲杂志。内容分为女性、摄影、美食、影视、音乐五个部分，是唯一定位于以网友原创为主的时尚多媒体月刊。图 8 – 16 是《PocoZine》第 68 期的设计，该期有 96 页。图 8 – 17 是第 67、70 期。据

iResearch 艾瑞市场咨询调查结果显示，在网民最常看的数字杂志中，《PocoZine》在内容量、版面风格、多媒体元素、互动元素、广告满意度调查中，均位居第一。该杂志第十六期的月下载量高达 690 万册。

图 8 – 16（a） 《PocoZine》第 68 期的封面设计。标识放置在容易引人注目的左上角，封面标题放置在模特的周围，使模特外形保持其完整性。背景设计的浅灰色调与封面相一致，细致的水平线、垂直线纹理与渐变的灰色调，使版面更具层次感，表达了优雅的感觉。

图 8 – 16（c） 内页设计。运用几秒的动画设计使人物像是走到街道上一样，突出了"街拍"的文章主题。左上角假牙元素的运用给版面增加了另类、个性感觉。静止后的版面只有几个"点击"按钮持续动态效果，可以吸引读者点击进行阅读

图 8 – 16（b） 内页设计。左边有三幅人物图像轮流变换显现，点击右边的小三角按钮，还可以阅读到更丰富的隐藏内容

图 8 – 16（d） 内页设计。左下角的圆点虚线是旅游路线图，当鼠标悬停在上面，完整路线图就出现了。照片被制作成真实的照片样子，两张贴在版面上，吸引读者点击阅读

《PocoZine》的版面设计时尚、休闲，具有女性的知性美感。它的内容和话题主要针对相对成熟的白领阶层。《PocoZine》的音频设计非常精彩，无论是优美、动听、知性的钢琴曲背景音乐，还是风格各异的主题音乐，都使读者倍感愉悦。它的动画设计也很精彩，时长大部分只有几秒，却具有一定情景性，不显浮躁、多余。动画与音频结合起来，表达了知心、可爱、私密或快乐的主题。《PocoZine》的版面既运用了动画设计和音频，又顾及了动画静止后的版面平面效果，受到广大读者的喜爱和欢迎。

图 8－17　《PocoZine》第 67、70 期

《InterPhoto 印象》

《InterPhoto 印象》（http：//read. poco. cn/interphoto. php）是 POCO 于 2005 年 4 月 25 日推出的第二本电子杂志，月刊。它是国内第一本创意视觉时尚电子杂志，一年后，单月的下载量已经超过 350 万册。杂志内容以影像视觉、旅游、名人专访、城市建筑、创意领域为核心，被称为最具创意和视觉冲击力的原创电子杂志。《InterPhoto 印象》杂志是国内发行量最大的创意视觉时尚电子杂志，是广东、广西、江西、湖北等十多个省级摄影协会的指定电子杂志。

图 8－18 是《InterPhoto 印象》第 63 期的设计，该期有 74 页。图 8－19 为《InterPhoto 印象》第 60、61、64、65 期。《InterPhoto 印象》精选摄影师作品，以时尚摄影为主，其中不乏国外著名摄影师的作品。这些摄影作品具有极强的视觉冲击力，画面时尚、宏大、戏剧、个性。动画设计尤为精彩，虽然时长较短，但具有很强的情景性。配合风格各异的主题音乐，表达出浪

漫或戏剧的主题。有些主题音乐具有极强的感染力，读者翻开该页面，立即被带入音乐营造的氛围中。

图8－18（a）　《InterPhoto 印象》第63期的封面设计。以具有奢华感的时尚原创摄影作为封面主要图像，图像情境和模特神态很好地表现了版面下部《释放隐匿的情绪》的封面标题。背景设计是虚无缥缈感觉的闪烁光斑，色调与封面一致，明度稍高。背景音乐设计进一步强化了主题情境，稍带变幻感的轻快钢琴曲，搭配萨克斯，表达出时尚的都市感觉

图8－18（b）　内页设计。封面标题《释放隐匿的情绪》的文章版面设计，介绍一位来自台湾的商业摄影师江俊民及其摄影作品。简洁的精彩作品展示动画后，停下来的版面提示读者可以点击按钮，进一步了解摄影师的创作经历

图8－18（c）　内页设计。左下角简短的文字问句，吸引读者继续点击阅读隐藏的内容。动画设计虽然很短，但展示出来的效果令人感觉很精致

图8－18（d）　内页设计。简短的精彩作品展示动画后，读者会因为其精美的作品，而对相关的内容很感兴趣，将进一步点击阅读

图 8-19　《InterPhoto 印象》第 60、61、64、65 期

《瑞丽》

　　《瑞丽》（http：//emag. rayli. com. cn）电子杂志包括《瑞丽裳》、《瑞丽妆》和《瑞丽家》等。《瑞丽裳》是追求前沿时尚和个性生活的都市女性喜爱的时尚互动电子杂志，它的内容涉及指导都市女性掌握美丽技巧，提供即学即用的实用扮靓搭配和美丽变身，以及为都市的年轻女性提供最具影响力的服饰潮流资讯等内容。《瑞丽妆》是白领女性的高品位时尚专刊，它的定位是引领中国白领女性美丽与生活的指导型实用杂志。内容主要有护肤彩妆、扮美提案、具有操作性与口碑感的美容资讯等内容。《瑞丽家》为读者提供创造时尚、舒适、有品位的家居生活的实用途径，它的内容涉及介绍国际潮流家居设计，提供家具搭配专业指导和家居物品导购方案，以及家居生活资讯等内容。

　　图 8-20 是《瑞丽裳》第 51 期的设计，该期有 108 页。图 8-21 是第 48、49 期。《瑞丽裳》一般首先播放片头动画，以年轻女模特为主的生活场景中，该杂志或置于自行车筐中，或在手提袋里，或平放在桌面上，或怀抱

在胸前。模拟成真实印刷杂志的样子连续闪烁，读者点击后，就打开了电子杂志。《瑞丽裳》一般采用年轻漂亮的女模特作为封面图像，背景设计爱用粉色，使用轻快、时尚、甜美的年轻女歌手的歌曲作为背景音乐，版面展现出年轻的时尚感。

图 8－20（a）《瑞丽裳》第 51 期的封面设计。时尚期刊常使用年轻漂亮的女模特作为封面图像，为了保持人物外形的完整性，版面上部的标识被遮住了一部分，但并不影响标识的辨认。右部的黄色圆形是封面的亮色

图 8－20（b）　目录页设计。文字标题的编排令人感觉规整，而图像元素的放置则相对自由，整个版面令人觉得精致而随意

图 8－20（c）　内页设计。花式字体的英文标题不仅可以丰富版面层次，还带来浪漫感觉

图 8－20（d）　内页设计。版面设计既有规整的编排，又有自由的个性

Di-bazhang Dianzi Zazhi Sheji Fenxi

图 8 – 21 　《瑞丽裳》第 48、49 期

《Street》

　　《Street》（http：//www. thaiegazine. com/egaz/）是泰国的时尚类电子杂志，由 thaiegazine. com 网站出品，与《Display》同属一个网站。《Street》主要关注潮流、时尚等内容。图 8 – 22 是《Street》第 10 期的设计，该期共有227 页。

图 8 – 22（a）　《Street》第 10 期的封面设计。背景是多份报纸的叠加，体现出一种特殊的肌理感。人物的表情、倾斜的封面标题、独特的阅读工具栏设计，以及背景中杂志名称的手写文字，均体现出该杂志年轻、个性的设计风格

图 8 – 22（b）　目录页设计。除了报纸的叠加肌理之外，明亮尖锐的三角形、趣味的标题设计，以及自由编排的各种视觉元素，都展现了该电子杂志强烈的个性风格

图8-22（c） 内页设计。多层次的视觉元素被控制在深灰色的背景中，红色与白色相间的玩偶与文字显得分外吸引人

图8-22（d） 内页设计。降低透明度的多个视觉元素被统一在黄色的背景中，并不影响上一层文字与插图的浏览

图8-22（e） 内页设计。丰富的肌理、个性的图形和文字，都体现出版面的独特个性

图8-22（f） 内页设计。多张图像组合成看似三维的空间，文章放置在信纸上，既显得很真实，又因为物体比例的错位而带有超现实感

《DIF》

《DIF》（http：//www.difmag.com）是来自葡萄牙的前卫时尚生活电子杂志。内容包括摄影、创意、家居设计、服饰、当代艺术等方面，图文精彩，内容丰富。图8-23是《DIF》第75期的设计，该期共有68页。《DIF》的设计既具有理性，又有不少巧妙、独特、自由的设计手法，内容精美，受到很多读者的喜爱。

图 8－23（a） 《DIF》第 75 期的封面设计。"DIF"的标识与"75"的期数隐藏在屋檐下，被设计成和建筑同样的材质，并成为建筑物的一部分，显得神秘而有趣

图 8－23（b） 内页设计。文章的标题被设计成上下均有装饰线、字母具有粗细变化的独特风格，细线方框将正文和图片框起来。这种标题样式和细线方框在之后的页面也得到了延续使用

图 8－23（c） 内页设计。类似的标题样式与细线方框风格

图 8－23（d） 内页设计。版面偏向理性感觉，并具有一定的节奏感

《Me 爱美丽》

　　2004 年 8 月，《Me 爱美丽》（http：//www. zcom. com/mag/nvxing/aimeilime）正式发行，它是由摩得互动出版的双周刊女性杂志。《Me 爱美丽》是一本针对 15～28 岁年轻女性读者的电子杂志，定位是女生爱看的女性流行工具书。它的读者群是哈韩、哈日、哈港、哈台的追求美丽的年轻女孩，内容涉及日本、中国香港、中国台湾等地方的彩妆保养信息，以及流行时尚装扮。图 8－24 是《Me 爱美丽》第 160 期的设计，该期有 54 页。《Me 爱美丽》

图 8－24（a） 《Me 爱美丽》第 160 期的封面设计

图 8－24（b） 内页设计。自由放置的版面元素，浅浅的肌理效果，都透出一股随意、温暖的感觉

没有整体的背景音乐，但是有些主题有自己的主题音乐，在整体感觉上，音乐的连贯性显得不足。《Me爱美丽》喜欢用色彩缤纷的照片图像作为电子杂志的背景，具有真实、活力的优点，同时，也显得有一点杂乱，缺乏朦胧色调、抽象背景所具有的神秘、深邃感。

图8-24（c） 内页设计。文章标题的"秋"字使用黄色，突出了这个字在标题中的核心地位。黑色的页面背景色表达了深沉的感觉

图8-24（d） 内页设计。以五角星作为主要的设计元素，意喻着明星与时尚品牌的星光抢眼，表达了文章标题的"抢眼"涵义

《H Magazine》

《H Magazine》（http：//www.hmagazine.tv）是来自西班牙时尚电子杂志。图8-25是《H Magazine》第105期的设计，该期共有141页。《H Magazine》的版面设计独具个性，有些页面运用网格进行设计，体现出理性与逻辑，但版面中不乏一些大胆、个性的设计手法，并形成一种具有层次感和空间感的独特设计风格。

图8-25（a） 《H Magazine》第105期封面设计

图8－25（b） 内页设计。以网格设计作为版面的主要设计方法，段落文字的左对齐、右不对齐方式避免了两端对齐的呆板。不同大小的色块划分了整个版面空间。两页之间的长长色条是版面风格的个性之处，在之后的版面设计中还运用了类似色条

图8－25（c） 内页设计。贴纸将看上去很真实的一张张照片贴在页面上，加上手写的文章标题，这种版面空间显得既真实又熟悉。刻意空出的版面下部放置文章。两页间的长色条重复了上一版面的个性风格

图8－25（d） 内页设计。左上部的便签纸使版面具有深度的空间感。仍然在两页之间设计了长色条，重复了这一风格

三、生活类

生活类电子杂志以生活相关的内容为重心，主要涉及生活话题、热门话题、知心密语、家庭问题、人物介绍，以及网友的原创故事和感触等内容。生活类电子杂志的设计元素以生活相关的常见元素为主，主要目的是更好地表现和说明文章内容，表达一种生活感或展现一种温情。一些版面运用十几年前生活中的物件作为设计元素，来表现文章的故事内容和怀旧情绪。

《开啦》

《开啦》（http：//www.kaila.com.cn）系列互动电子杂志是由著名演员、导演徐静蕾独资创办的国内首家时尚文学类的电子新媒体，该系列有三本电子杂志发行：《开啦》、《开啦街拍》与《开啦职场》。《开啦》于 2007 年 4 月 16 日创办，双周刊，是综合性高端生活杂志，致力于精致、高端、原创、人文的内容出版。每期一个话题，内容涉及时事、历史、影视、音乐、图书、时尚、旅游等多个时尚文化领域。图 8－26 是《开啦》第 54 期的设计，该期共有 50 页。2008 年 5 月 12 日，月刊《开啦街拍》上线。《开啦街拍》是专业

图 8－26（a）《开啦》第 54 期的封面设计。类似漫画的形式体现出轻松和幽默。背景采用了砖墙的照片，既有生活熟悉感，又有一定的肌理、构成感

图 8－26（b） 内页设计。点击页面右边"给我评论/表态吧"，可以直接链接到《开啦》主页的该文主题，将你的想法提交到网站，体现了较强的互动性

图 8 – 26（c） 内页设计。笔记本的形式使该页设计具有一定新意

图 8 – 26（d） 内页设计。各种图像元素自由地放置在版面上。上部的彩虹渐变色条体现了《花开盛夏》的文章主题

的全球性街拍电子杂志，以鲜明的个性化为特征，内容围绕个人风格来展开，力图表现时尚在生活中的各种应用。

《澜》

2005 年 12 月 15 日，以富有影响力的媒体人杨澜为名的《澜》（http：//ebook. eladies. sina. com. cn/all. htm）电子杂志正式发布出版，双周刊。《澜》杂志以"生活大致平静，内心总有波澜"为口号，定位于现代都市精英女性，为她们提供丰富的资讯、精彩的观点，倡导"灵性与知性并重、优雅与时尚共存"的生活方式。图 8 – 27 是《澜》第 65 期的设计，该期杂志共有 77 页。

图 8 – 27（a） 《澜》第 65 期的封面设计

图 8 – 27（b） 内页设计。简洁的插图表达出一股浓浓的暖意，很好地烘托了文章的内容

图 8－27（c）　内页设计。版面犹如一张
木制纹理的书桌，笔记本放在桌上，多张
照片被贴纸贴在笔记本上和桌上。版面设
计得非常真实，笔记本上的标签"街头课
堂"也是版面内容必不可少的

图 8－27（d）　杂志的宣传动画页面设
计。版面右边是宣传语，左边浅灰色段落
文字是杂志的简介。随着各种颜色的飞
机、铁塔、手提袋、沙发、口红、香水等
图形飞过文字块，最后出现的是《澜》
电子杂志

《澜》电子杂志以杨澜作为封面图像。背景常是类似的纹理，浅黄灰色，背景
设计的左边中央放置一些富有中国传统风味的绘画，有一些文化感和趣味感。

四、旅游运动类

旅游运动类电子杂志包括了地理、旅游、运动等相关类别，一般涉及的
内容有各地优美风光、特别风俗、各色当地美食、旅游出行贴士、旅游用品
推介、运动推介和随意游玩等。这类电子杂志常使用自然风景或旅游相关的
照片作为插图，图片精良，场面大气。

《行天下》

2009 年 7 月 6 日，《行天下》（http：//mag.dili360.com）创刊号正式推出，
它是中国国家地理的旅行版电子杂志，是其出品的第一本完全原创电子杂志。
《行天下》是一本倡导探索精神、引领全新户外生活方式的杂志，其办刊的宗

旨是"景色前沿，出行先锋"。读者群包括久居都市的商界精英、时尚白领，行游天下的资深"驴友"、户外爱好者，以及所有向往自然、热爱出行的人们。《行天下》以"发现、新锐、品味"为选题理念，以"深入、实用、精致"为编辑方针，展现异彩纷呈的户外生活，提供深入权威的出行资讯。图8－28是《行天下》第15期的设计，该期共58页。《行天下》拥有类似《中国国家地理》纸质杂志精良、大气的风景图片，但它偏重于旅游出行的资讯，所以内容更轻松、实用。《行天下》的版面以大尺寸幅照片居多，有些甚至是跨页满版照片。大尺寸照片可以使读者看清其精彩细节，突出大气、震撼的视觉效果。

图8－28（a）　《行天下》第15期的封面设计。封面沿袭《中国国家地理》纸质杂志的红色外框，使用精良、大气的摄影照片作为封面和背景图像，使该杂志的主题一目了然

图8－28（b）　内页设计。运用Flash动画，先出现几只小羊，背景由全黑逐渐变成阳光灿烂。动画设计使该风景显得愈发美丽

图8－28（c）　编辑部门页面设计。清雾慢慢飘过水面的动画，使读者感觉身临其境

图8－28（d）　内页设计。跨页编排的满版照片使照片细节一览无余

《黑孩子》

《黑孩子》（http：//www.zcom.com/m/heihaizi/）是一本自在、随性的户外游玩电子杂志，涉及景点的介绍、旅途中的见闻和感情故事等内容。图 8－29 是《黑孩子》第 14 期的设计，该期共有 53 页，页面下部的页码按钮栏可以方便地跳转到电子杂志的任意一页。《黑孩子》的版面设计以自由的感性编排设计方法为主，独具一格，彰显个性。斑驳的肌理、陈旧的纸质纹理、多样风格的图形、红黑强烈对比、自由的编排设计，以及富有冲击力的背景歌曲，都展现出该杂志特立独行的个性风格。

图 8－29（a）《黑孩子》第 14 期的封面设计。封面彰显了该电子杂志强烈的视觉个性，下部鲜红的毛边笔触就便一面旗帜，拉出了"北京，张北，症状未消除——黑孩子大队北伐回忆录"的封面标题，令人觉得幽默，视觉冲击力很强

图 8－29（b） 编辑部门页面设计，内容主要是主编的感言。随着一声咳嗽，背景用旁白的形式喊出"黑孩子"的多人声音，令人觉得独特、惊喜而熟悉。斑驳的水墨肌理、浅黄灰的怀旧色调、略微倾斜的图片与文字，以及背景的旁白声音，都展现出该杂志独特的视听风格

图 8 - 29（c） 目录页设计。采用自由的感性编排方法进行设计，肌理层次丰富

图 8 - 29（d） 内页设计。页面具有浓重的红色革命风格。当鼠标悬浮在版面下部的小照片上，版面中间会出现相应的大照片，这种方式将多张照片集中在一个版面，内容丰富

图 8 - 29（e） 内页设计。页面运用了自由的编排设计。动画设计使图片和文字依次出现，"草！"字特意设计成震撼了几下的动画效果，表达了酷热疲惫时发现大片青草时的大喊声。自由随性的编排方式使读者对版面风格印象深刻

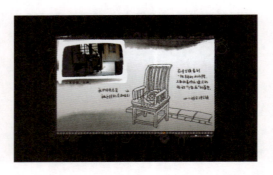

图 8 – 29（f） 内页设计。淡雅的水墨效果，太师椅的白描，表达出浓郁的中国古典文化感觉

《Pop Magazine》

《Pop Magazine》（http：//www. popmag. com. au）是澳大利亚的一本关于极限运动内容的电子杂志。图8 – 30是《Pop Magazine》第 12 期的设计，该期共有 88 页。《Pop Magazine》的版面设计严谨而富有个性变化，手写体的标识设计体现出运动的活跃、自由感。

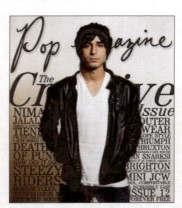

图 8 – 30（a） 《Pop Magazine》第 12 期的封面设计。将标识、期号、标题等文字围绕在封面人物四周，并被遮挡了一部分，使人物的外形完整，并具有较强的力量感

图 8 – 30（b） 目录页设计

图 8 – 30（c） 内页设计。较为严谨的网格设计使版面呈现出偏理性的风格

图 8 – 30（d） 内页设计。版面左页采用了对称的形式法则。
整体版面刻意营造出大面积空白，突出了左边的图像

五、中国古典文化类

中国古典文化类电子杂志的主要内容是展示、传递中国文化，或者杂志的主要关注点与中国古典文化有密切的关系。这类电子杂志的版面设计经常使用水墨效果、书法、云纹、中国画等元素，还会运用竖行从右至左的中式编排方法来排列文字段落，形成具有中国古典文化感觉的版面风格。

《鉴赏》

《鉴赏》（www. zcom. com/m/jianshang）电子杂志以"鉴藏之极，赏情之致"为宗旨，介绍国内、外艺术品收藏界资讯、描述瓷器、玉器、字画等各类艺术品的相关文化知识，并通过大型的专栏，分析评论，良好的读编互动沙龙活动，为广大艺术品欣赏人群提供充分的藏品展示空间和交流场所。图8-31是《鉴赏》第16期的设计，该期共有64页。

图8-31（a）《鉴赏》第16期的封面设计。封面以甲骨作为主要图像，"鉴藏之极，赏情之致"的办刊宗旨放置在左部。背景使用了中国画，烘托了杂志的古色古香

图8-31（b）目录页设计。借鉴中式传统编排方式，将目录文字从右至左竖排，数字用"壹贰叁肆"来表达，以中国画牡丹作为衬托。配合花间嬉戏的蝴蝶动画，版面体现出明显的中式传统风格

图8－31（c）　内页设计。从右至左竖排的文字编排体现了中国传统的编排方式

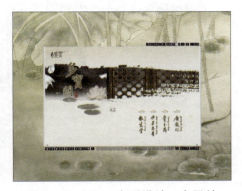

图8－31（d）　内页设计。水墨效果、雕花木窗、书法文字、云纹等视觉元素，表现了中国古典文化的风格。鱼游与荷瓣漂浮的动画使版面上的空白具有深度的空间感

图8－31（e）　内页设计。右边的年画插图很好地阐释了《年画的发展》文章主题

图8－31（f）　内页设计。文字采用从右至左的竖排形式，细竖线作为装饰

　　图8－32为《鉴赏》第13、14期。《鉴赏》的设计风格古色古香，有着浓郁的中国传统文化风格。其标识设计使用了书法，目录页、动画、按钮等设计无不透出深厚的古典文化感觉。

图 8 - 32　《鉴赏》第 13、14 期

《观瓷》

《观瓷》（http：//www. gc - mag. com） 是中国的风格先锋志，它的主要内容是用一种新视觉的方式介绍和传递中国东方文化，以及这种文化背景下的价值观、精神观、生活观、居住观、审美观等。图 8 - 33 是《观瓷》第 1 期的设计，该期共有 153 页。

图 8 - 33（a）《观瓷》第 1 期封面设计。独特的女孩形象将标识遮挡了一部分，但并不影响标识的辨识。封面类似对称的形式表达了经典的感觉。背景设计既有织物的肌理感，又具有构成感。背景音乐具有轻快的节奏感，同时隐含着中国古典旋律

图 8 - 33（b）　目录页设计。目录设计成墙上的画框形式，令人觉得非常新颖。多个画框自由放置在版面上，组合成一个具有立体感、构成感的看似真实的空间

图8－33（c） 内页设计。该文主要是
《观瓷》杂志相关的想法。左下角插图类
似于中国画的构图方式

图8－33（d） 内页设计。该页设计令
人觉得大气。大量的空白给予了向右泼
墨动势的空间

图8－33（e） 内页设计。插图中两个西
方儿童与墙壁上东方儿童的绘画对比，
诠释了"东西方对比"的主题内容

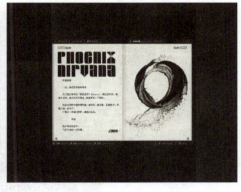

图8－33（f） 内页设计。具有动势的墨
汁插图，使版面显得更加活泼、生动

图8－34为《观瓷》第3、4期。《观瓷》的设计独特而新颖，因为其内容主要
是介绍和传递中国东方文化，所以在进行现代化、艺术化的版面设计时，也
使用了大量的中国文化元素，让读者觉得杂志的文化感很强。背景设计每期
均不同，或使用照片图像，或单独设计，都很好地衬托了当期主题。杂志的
背景音乐非常独特，既让人觉得现代感、节奏感较强，其中又隐含着中国古
典感觉的旋律。

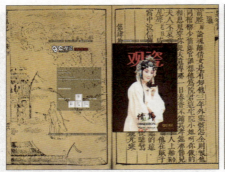

图 8 – 34　《观瓷》第 3、4 期

六、作品点评

图 8 – 35　《中国电影典藏》封面、目录页、内页设计。学生作品，张夏伟设计。黑白灰为主的色调、斑驳的肌理、酷冷的金属质感、神秘的背景音乐，都表达出独特的设计风格。动画设计简洁中透着酷感。齿轮不断转动着，机械臂杆的动画搭配了机械的"卡卡"声与金属的"叮"声，富有真实感。电影胶片元素被运用到封面及按钮上，具有很强的个性电影风格

图 8-36　《故宫博物院》封面、目录页、内页设计。学生作品，高旭设计。该电子杂志设计具有浓厚的中国传统风格，采用了水墨画、书法、云纹、中式花纹等元素表现出大气的版面感觉。按钮设计很有特点，都运用了不同形式的水墨元素，与电子杂志相协调、统一

图 8-37　《城市画报》电子杂志封面、内页设计。学生作品，康卓琦设计。以城市为主题，内页风格多样，既有以手绘元素为主的自由版面设计，又有隐含网格的理性的版面风格

图8-38 《yoho青春志》电子杂志的封面、内页设计。学生作品，秦腾设计。该电子杂志内页的版面设计风格多样，但都令人感觉到了杂志浓厚的艺术与青春气息。手绘元素被灵活地运用于特色版面，令人觉得轻松、活泼而又独特

图8-39 《悼念谢晋》电子杂志封面、目录页、内页设计。学生作品，刘爽设计。画面以黑灰两色为主，表达了怀念的心情。红色的印章是版面唯一的彩色，与照片一起突出了杂志主题

图 8-40 《熠熠生辉的左翼电影》电子杂志封面、目录页设计。学生作品，康卓琦设计。无彩色灰色的主色调富有个性感觉，胶片元素被反复运用到电子杂志设计中，如背景设计、内页的边缘、滚动播放区域等，强调了以电影为主题的内容

图 8-41 《破晓》电子杂志封面、目录页、封底设计。学生作品，底天尧设计。真实的旧纸肌理、竖排的目录形式，使该电子杂志体现出集传统与革命于一身的个性风格

图 8-42 《走进故宫》电子杂志内页设计。学生作品，罗紫霜设计。隐藏的网格使版面表达出理性、稳重、大气的感觉

Di-bazhang Dianzi Zazhi Sheji Fenxi

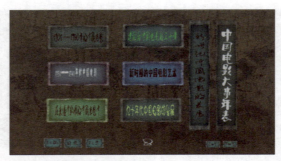

图 8 – 43　《中国电影典藏》目录页设计。学生作品，王栋设计。斑驳的背景肌理使版面空间具有一定的层次感

图 8 – 44　《青年视觉》内页设计。学生作品，丁洋设计。图片进行有序排列，版面令人感觉简洁、理性而独特

图 8 –45　《自愚自乐》电子杂志内页设计。学生作品，桑慕辰设计。以设计者的主观情感与感性判断为依据，设计出个性、随意的版面感觉

图 8 – 46 《Milk》封面、内页设计。学生作品，秦腾设计。封面中手写的标识很有特色，内页四周、左边的手绘元素很好地展现出版面轻松、个性的感觉

图 8 – 47 《游玩》电子杂志片头动画、封面设计。学生作品，张夏伟设计。电子杂志放置了片头动画，标识在动画中显示出来，令人印象更深刻

图 8 – 48 《Jay Chou》电子杂志内页设计。学生作品，刘爽设计。运用段落文字绕排等形式表现杂志主要人物的个性风格。

Di-bazhang Dianzi Zazhi Sheji Fenxi

图 8-49 《看电影》封面、目录页设计。学生作品，张伟娜设计。特色
之处在于版面设置了 Flash 鼠标跟随效果。随着鼠标的移动，鼠标之处
会出现几朵花朵并逐渐隐去。这种特效运用在此处有一定的新鲜感和娱
乐感

图 8-50 《运动世界》封面、内页设计。学生作品，夏霖阳设计。运用
了网格与"破格"设计，版面风格既显得理性、条理、有序，又具有节
奏感和突破感

图8－51　《优秀时尚》内页设计。学生作品，欧阳慧设计。围绕"时尚"这个大主题，内页设计风格多样。同一主题内容的版面则具有易辨识的同一风格，如后两幅设计，具有运动感的毛笔点元素，深红灰、灰色与红色的色彩搭配，是同一风格的版面

第九章

面向未来的设计

一、电子杂志的发展局限

　　随着数字技术的提升和网络技术的发展，电子杂志产业也在逐渐发展与完善。现在，电子杂志在一些方面仍然存在着发展局限，如读者还没有形成新的阅读习惯、缺乏有效的盈利渠道等，电子杂志本身还存在着内容缺乏含金量、动画与音乐过度运用等问题。电子杂志设计师应该了解并正视这些问题，从设计的角度去思考和寻求更好的解决方式。

读者尚未形成新的阅读习惯

　　电子杂志的多媒体效果丰富，形式多样，但仍有很多读者并不认可新的阅读习惯。传统的阅读习惯根深蒂固，手握纸质杂志或书籍惬意阅读的习惯一下子难以改变。读者一般运用电脑阅读电子杂志，电脑具有辐射，阅读的时间一长让读者特别是中老年读者感到疲倦，很难耐着性子看完整篇文章。另外，有的杂志平台需要安装阅读器才能下载电子杂志，阅读器的安装过程使一部分读者失去耐心。

缺乏有效的盈利模式

　　传统杂志以发行收入作为主要的赢利来源，而大部分电子杂志却很难从

发行上赚取利润。读者习惯于免费使用互联网资源，而不愿意花钱购买电子杂志。

目前，广告是绝大部分电子杂志的主要收入来源，发行收入则很难实现较大的利润。

内容缺乏含金量

现代社会的人们已进入"浅阅读"时代，相比传统纸媒杂志而言，电子杂志的文字内容更少，而图片内容更多。读者的"浅"阅读并不意味着只要求普通质量的杂志内容，一些品牌电子杂志之所以吸引大量读者，就是因为其精良的图片和文字。内容缺乏含金量的电子杂志即使外观设计得很好，也很难留住核心的忠实读者群。

动画的过度使用

在设计上，有些电子杂志过于花哨的动画设计给人华而不实的印象。动画使用过于频繁、单次动画的时间过长，都会使读者在等待时失去耐性。虽然 Flash 动画形式的趣味性和视觉冲击力都比较强，但是从另外一个方面来看，它没有静态平面版面阅读那样来得直接，设计无意义、花哨的动画来让读者长时间的等待不仅毫无必要，而且起到轰走读者的作用。

音乐的过多使用

适当的背景音乐与主题音乐运用能使多媒体互动杂志增加阅读吸引力，使读者感受到独特的视听感受。音频的总体风格要有一定的倾向性，不同期的电子杂志背景音乐应有一定的连续性，不要突然变化太大，这样不利于读者的持久记忆。

电子杂志的音频运用要从读者的角度出发，慎用各种音效，而不是运用得越多越好。过多的音频会使电子杂志的体积变得庞大，而读者的阅读流程受到太多音频的干扰，也容易心情烦躁。

二、电子杂志设计需要创新观念

内容应符合网络阅读习惯

基于屏幕阅读和网络传播的电子杂志内容应该为网络、屏幕而设计，内容应该更短、更快，更符合网络读者的阅读习惯。即使是依托于传统纸媒杂志的同名电子杂志，也不能简单地将传统杂志的所有内容和版面设计复制到电子版。电子杂志的选题和内容应该围绕其网络特性规划。《Slate》在创办之初，内容以强调思想性的政治和艺术评论为主，文章大多上千字，长篇大论，读者反应不佳。1999 年之后，杂志完全摒弃长篇大论的学术文章，代之以各主要媒体的信息汇总文章。人物专访的选择标准从重要性转向趣味性，文章字数控制在 500 字左右。如今，《Slate》已成为美国最受欢迎的电子杂志，读者对它的评价是：文章短、信息量足、文笔辛辣幽默。《中国国家地理》推出的旅行版电子杂志《行天下》（如图 9 - 1），就考虑了读者快速阅读的特性。它采用图片、故事为主要内容，包括旅行详细攻略，图片多而精良，文字较少，实用性很强。《行天下》电子杂志设计考虑了网络的快速阅读特点，受到广大读者的喜爱。电子杂志应在采集内容时，就对长篇大论的文章有所删减。在设计时，还可以将一部分内容运用 Flash 技术隐藏在版面的链接中，而不要将所有的文字填满版面，使版面显得枯燥无味。品牌电子杂志可以邀请专业作者针对网络阅读特别为杂志写稿。相对来说，深度报道是传统杂志的优

如图 9 - 1 多媒体互动杂志《行天下》。图片多而质量高，文字较少，符合网络快速阅读的特点。该电子杂志以图片、故事、旅行攻略为主要内容，实用性很强。

Di-jiuzhang Mianxiang Weilai de Sheji

势，而即时性与直观性则是网络阅读的特点。

依托于传统品牌杂志，提高内容质量

相对于传统杂志来说，电子杂志的成熟度还不够，不少电子杂志的内容和设计都摆脱不了雷同的趋向。世界出版公司（World Publication）首席执行官特里·斯诺（Terry Snow）认为："如今我们的利润来源正变得越来越取决于我们所提供的内容了。"艾斯派尔媒体公司（Aspire Media）首席执行官克莱·霍尔（Clay Hall）也认为："实际上，我们把编辑团队视同为产品队伍。编辑在新产品开发工作上所花费的时间比以前要多得多。"电子杂志的内容质量是读者是否选择继续阅读的关键所在，提高内容质量，是电子杂志首先要考虑的问题。依托于传统期刊杂志，懂得运用传统杂志的品牌口碑与精良内容，是电子杂志未来发展摆脱雷同趋势的一条较好的途径。中国传统纸媒杂志已经发展得比较成熟，优秀品牌杂志都有自己忠实的读者群，并且杂志的办刊经验也较为丰富。而电子杂志的优势在于它的新技术、新形式和发行平台，电子杂志与传统杂志的合作，双方都会各有裨益。基于传统品牌印刷杂志的电子杂志，可以避免内容空泛，更容易吸引成熟的读者群。例如《瑞丽》系列电子杂志（如图9－2），内容精彩、观点专业，这样既有形式又有内容的电子杂志很容易吸引大批稳定的读者群。

图9－2　多媒体电子杂志《瑞丽裳》、《瑞丽妆》、《瑞丽家》。依托于传统品牌印刷杂志，内容精良、观点专业、设计优秀，容易吸引大批稳定的读者群

电子杂志的人性化设计

电子杂志的人性化设计是以人为本，从读者的"人性化"阅读需求出发，使电子杂志的设计更符合目标读者群的期望。

电子杂志的版面、色彩、动画、音频、交互设计都要从人性化的角度去考虑。

版面设计要以易读性为基本原则，字体不能过小，那样会使文章难以辨认；字体也不能太大，应以适中为最佳。版面应放置一些图片，而不能全文字充斥版面，那样会使版面显得枯燥无味。版面与色彩设计要考虑到整本杂志的节奏性，应让读者感觉到不同文章的版面风格是不一样的，是有一定节奏的，在节奏的变化中读者将更有兴趣阅读下去。

动画设计要控制时长，不能一味地在版面上设置动画，使读者在等待中失去耐性。

音频设计很重要，在视听设计上它占据了半壁江山。音频设计的目的是烘托阅读过程，营造阅读气氛，节奏不能过快过燥，反而使读者的阅读过程受到影响。

互动设计也要以人为本，以方便、快捷、实用为基本要求。应避免文章内容设置过多的链接层次，读者不会总有耐性去查找文章。互动按钮也要有一定动态来提示读者点击阅读，使读者节约找按钮的时间。

总而言之，人性化的设计需求有很多方面，关键是电子杂志的设计师需要从读者的角度来看待自己的设计，使设计的效果特别是互动部分符合读者的期望，简洁而方便。设计应使读者在愉悦的心情中阅读，而不是仅仅炫耀设计技巧。如何使电子杂志的设计人性化，体现杂志理念，使杂志内容有效地传达给读者，是电子杂志设计师所应集中关注的部分。

突出动画、互动效果的吸引力

多媒体动画、互动技术的应用使电子杂志的表现形式变得前所未有的丰富，读者可以欣赏到动态的动画效果（如图 9－3），也可以在阅读过程中进行互动。在后 Web2.0 时代，读者对网络信息的专注与沉思能力都在下降。让读者集中注意力，进行深度阅读变得更加困难。设计师在设计多媒体互动杂志时，要有效地运用多媒体元素的吸引力，提升读者的专注与沉思能力，而不能过多过杂地使用动画和音乐，使读者的注意力分散。

2010 年被称作日本的"电子书元年"。随着 iPad 等电子书阅读器的推出以及其他产品的上市，日本的电子书市场将继续增长。电子书是通过电脑、手机和专用终端等电子装置阅读的图书和杂志。带有丰富多彩的照片和动画的电子杂志得到了日本读者的青睐。如汽车杂志可以加入汽车行驶的动画，少儿杂志可以加入可爱的卡通小动画等。互联网在较大程度上影响了人们的生活，娱乐化成为人们阅读的重要目的之一。电子杂志的多种媒体元素可以有效地吸引读者的注意力，在阅读过程中增加娱乐趣味性。电子杂志设计要懂得适当运用多媒体元素，限制其时长和数量。同时，还要懂得展示多媒体互动效果的吸引力，突出主要内容，提升读者的专注力，最终达到传播杂志内容的目的。

图 9-3 《InterPhoto 印象》第 64 期《加勒比海的另一种风情》一文动画设计。配合活泼、纯朴的曲风，该动画设计别有一种浪漫风情。相比静态平面版面来说，好的动画设计能调动读者的阅读兴趣

电子杂志制作技术的完善

电子杂志的制作软件还可以对其技术功能进行改进和提升，使设计出的电子杂志具有更完善的互动功能。电子杂志可以附带"放大镜"功能，让一些小尺寸计算机屏幕的读者可以放大浏览内容。电子杂志还可以附带缩略图

功能，使多个页面的缩略图可以排列在一起查看，一目了然。在传统的阅读过程中，人们可以在喜欢的段行画上标记，或插上书签，或做一些摘录。电子杂志可以模拟现实阅读中的一些有用功能，使杂志的功能更加全面。另外，电子杂志的互动还可以更具实时性。在某些特别主题，实时交流可以更方便的讨论感想。在网络时代，实时交流和讨论是人们喜爱的一种互动方式。

考虑新兴移动终端的数字出版

电子杂志可以考虑设计相应的移动终端版本，充分利用新兴移动终端的优势。现有的数字出版阅读工具除了国外的亚马逊电纸书（如图 9 - 4）、国内的汉王电纸书以外，苹果 iPad 也是一个很好的选择。汉王电纸书 T61（如图 9 - 5）采用了 E - link 电子纸与液晶显示的双屏设计，上下屏同步，上方阅读感受类似于纸张阅读，下方是真彩色的液晶显示屏。读者在阅读时可以进行字体缩放、好友分享、高亮、查询、注释等操作，非常方便。读者登陆汉王无线书城可以下载图书、杂志，汉王书城的图书已达 9 万本，有 200 多种杂志和 60 多种报纸，内容非常丰富。2010 年 4 月，苹果公司推出了 iPad 移动终端（如图 9 - 6），它可以看作是更新意义上的电纸书。iPad 直接采用液晶显示屏，可以给予读者真实的翻阅彩色报刊杂志的阅读感受，视觉感很好。

图 9 - 4　亚马逊 Kindle 2 电纸书。它可以保存 1500 本电子书，支持 Word、PDF 文档和图片。小巧轻薄，可以选择六种文字大小，进行书签、笔记和高亮等操作。它还可以搜索互联网，从拥有几十万本电子书、报刊、杂志的 Kindle 商店下载阅读

Di-jiuzhang Mianxiang Weilai de Sheji

据外国媒体报导，通过 iPad 发行杂志，不仅成本为零，而且深受 iPad 用户欢迎，下载量非常可观。时尚杂志《GQ》在过去的 6 个月里通过 iPad 销售了 5.7 万份电子杂志，近日，科技类杂志《Wired》通过 iPad 发行，当日创造了 2.4 万份的销售量。《Wired》杂志在 iPad 的发行价格与其印刷杂志的价格一样，都是 4.99 美元一本，而其印刷版每月的销量为 8.2 万册。

图 9-5　汉王电纸书 T61　　　　　　　　图 9-6　苹果 iPad

在未来的数字出版领域，数字化仍然是报纸、杂志等媒体的发展趋势。数字出版对于出版业来说越来越重要，传统品牌媒体都在积极制定数字化发展战略，力图在新技术提升时能够抓住机遇，发展自己。中国数字出版的市场潜力巨大。2009 年，数字出版产业的总产值达 799.4 亿元，发展速度远远超过了传统出版业。未来五年，由图书馆等机构用户采购的电子书、数字报的销售规模将达到 10 亿元，由网民和终端用户带动的电子书、数字报内容销售及广告收入将达到 50 亿元。数字出版被认为是出版业未来的发展方向，是产业发展的趋势所在。在"2010 中国数字出版年会"上，汉王科技董事长刘迎建认为："大部分书报刊本将实现数字化、无纸化，网上下载是主要发行方式。大部分报纸、小部分杂志将对读者免费，像广播、电视、互联网一样，收入与盈利靠广告。"书籍、杂志、报纸在未来的时代发展中仍将不断加快数字化的进程，力图适应多种终端，随着数字技术的变革和提升，将开拓出新的发展空间。

参 考 文 献

[1] 余永海. 从形式到内容的创新——谈数字出版物的设计开发 [J]. 包装工程，2007，28（9）：168－170

[2] 数字出版研究. 全球出版业面临整体数字化变革. http：//www. epublab. com/？p = 918 [2010－7－30]

[3] 腾讯动漫. 日本数字出版状况调查. http：//comic. qq. com/a/20100716/000034. htm. [2010－7－16]

[4] 人民网. 中国数字出版超越传统图书 去年产值近 800 亿. http：// news. xinhuanet. com/newmedia/2010－08/02/c＿ 12398591. htm. [2010－8－2]

[5] 曾凡斌. 多媒体互动电子杂志发展的瓶颈及出路 [J]. 编辑之友，2007，（1）：59－61

[6] 丁红. 多媒体互动杂志的视听设计研究. 苏州大学. 2008：6

[7] 熊艾华. 我国多媒体互动电子杂志发展研究. 华中师范大学. 2008：8

[8] 罗艺. 国外杂志的数字化生存之道 [J]. 青年记者，2010，（11）：15－16

[9] 严威，谷燕. 电子杂志市场分析 [J]. 中国传媒大学学报（自然科学版），2008，15（1）：75－80

[10] 中国新闻网. 日本侨报电子周刊入选日本新闻类电子杂志 16 佳. http：// www. chinanews. com. cn/hr/2010/08－20/2480054. shtml [2010－08－20]

[11] 百度百科. 多媒体互动电子杂志. http：//baike. baidu. com/view/2654908. htm. [2010]

[12] 风险投资网. 风险投资看好内容平台 Somode 获 500 万美元注资. http：// www. chinavcpe. com/school/Casestudy/2009－01－19/de445a9a5fc696ec. html. [2009－01－19]

[13] 艾瑞网. 中国电子杂志的发展史. http：//news. iresearch. cn/0402/20090417/93238. shtml. [2009－04－17]

[14] 李长春. 书籍与版式设计 [M]. 北京：中国轻工业出版社，2009：105

[15] 李南，李珞. 谈版式设计中的网格设计表现方法 [J]. 美术大观，2009，（12）：105

［16］孙立. 影视动画视听语言［M］. 北京：海洋出版社，2005：62

［17］於水. 影视动画短片制作基础［M］. 北京：海洋出版社，2005：28

［18］张捷. 蒙太奇在 Flash 多媒体动画中的视听组合［J］，艺海. 2009，（7）：74 – 75

［19］陈一村. Web2. 0 时代电子杂志的生存与发展［J］. 当代传播，2007，（6）. 76 – 77

［20］堂·佩赛克. 数字时代的杂志出版［J］. 祝得彬，编译. Folio，2007，（3）. http：//www. chinaqking. com/YJGD/2007/11686. html

［21］崔寅. 日本迎来"电子书元年". http：//world. people. com. cn/GB/57507/ 12525904. html ［2010 – 08 – 24］

［22］唐晓宇. iPad 成电子杂志新宠 一天两万份下载. http：//www. donews. com/original/ 201005/98975. shtm ［2010 – 05 – 28］

［23］电脑报. 传统媒体的数字转型路. http：//www. qikan. org/dynamic2315. html ［2010 – 08 – 10］.

［24］王军. 传统出版行业将实现数字化 下载成主要发行方式. http：//www. qikan. org/ dynamic2318. html ［2010 – 08 – 10］

［25］万凡，牟芸芸. 电子杂志设计. 昆明：云南大学出版社，2008

［26］萨帕特拉著. 版式设计培训教程. 许捷译. 上海：上海人民美术出版社. 2009. 11

［27］朱国勤，罗盛. 编排设计. 上海：上海人民美术出版社，2004

［28］石萍，李拥军主编. 包装设计、书籍设计与编排设计. 广州：岭南美术出版社，2005

［29］（日）视觉设计研究所. 设计配色基础. 于雯竹，陆娜，译北京：中国青年出版社，2004

［30］张柏萌，等. 新色彩构成. 武汉：湖北美术出版社，2010

［31］熊艾华. 我国多媒体互动电子杂志发展研究. 华中师范大学. 2008

［32］张朵朵. 网格的艺术. 艺术百家，2006，（6）

DIANZI ZAZHI SHEJI YU PEISE

优秀动漫游系列教材

本系列教材中的原创版由北京电影学院、北京大学、中央美术学院、中国人民大学、北京工商大学等高校的优秀教师执笔，从动漫游行业的实际需求出发，汇集国内最优秀的动漫游理念和教学经验，研发出一系列原创精品专业教材。引进版由日本、美国、英国、法国、德国、韩国、马来西亚等地的资深动漫游专业专家执笔，带来原汁原味的日式动漫及欧美卡通感觉。

本系列教材既包含动漫游创作基础理论知识，又融合了一线动漫游戏开发人员丰富的实战经验，以及市场最新的前沿技术知识，兼具严谨扎实的艺术专业性和贴近市场的实用性，以下为教材目录：

书　名	作　者
中外影视动漫名家讲坛	扶持动漫产业发展部际联席会议办公室　组织编写
中外影视导演名家讲坛	扶持动漫产业发展部际联席会议办公室　组织编写
动画设计稿	中央美术学院 晓 欧 舒 霄 等
Softimage 模型制作	中央美术学院 晓 欧 舒 霄 等
Softimage 动画短片制作	中央美术学院 晓 欧 舒 霄 等
角色动画——运用2D技术完善3D效果	[英]史蒂文·罗伯特
影视市场以案说法——影视市场法律要义及案例解析	北京电影学院 林晓霞 等
影视动画制片法务管理	上海东海职业技术学院 韩斌生
2D与3D人物情感动画制作	[美]赖斯·帕德鲁
动画设计师手册	[美]莱斯·帕德 等
Maya角色建模与动画	[美]特瑞拉·弗拉克斯曼
Flash 动画入门	[美]埃里克·葛雷布勒
二维手绘到CG动画	[美]安琪·琼斯 等
概念设计	[美]约瑟夫·康塞里克 等
动画专业入门1	郑俊皇 [韩]高庆日 [日]秋田孝宏
动画专业入门2	郑俊皇 [韩]高庆日 [日]秋田孝宏
动画制作流程实例	[法]卡里姆·特布日 等
动画故事板技巧	[马]史帝文·约那
Photoshop全掌握	[中国台湾]刘佳青 夏 娃
Illustrator平面与动画设计	[韩]崔连植 [中国台湾]陈数恩
Maya-Q版动画设计	中国台湾省岭东科大 苏英嘉 等
影视动画表演	北京电影学院 伍振国 齐小北
电视动画剧本创作	北京电影学院 葛 竞
日本动画全史	[日]山口康男
动画背景绘制基础	中国人民大学 赵 前
3D动画运动规律	北京工商大学 孙 进
影视动画制片	北京电影学院 卢 斌
交互式漫游动画——Virtools+3ds Max 虚拟技术整合	北京工商大学 罗建勤 张 明
Flash CS4 动画应用	北京工商大学 吴思淼
电子杂志设计与配色	北京工商大学 蒋永华

书　名	作　者
定格动画技巧	[美]苏珊娜·休
日本漫画创作技法——妖怪造型	[日] PLEX工作室
日本漫画创作技法——格斗动作	[日]中岛诚
日本漫画创作技法——肢体表情	[日]尾泽忠
日本漫画创作技法——色彩运用	[日]草野雄
日本漫画创作技法——神奇幻想	[日]坪田纪子
日本漫画创作技法——少女角色	[日]赤　浪
日本漫画创作技法——变形金刚	[日]新田康弘
日本漫画创作技法——嘻哈文化	[日]中岛诚
日本CG角色设计——动作人物	[美]克里斯·哈特
日本CG角色设计——百变少女	[美]克里斯·哈特
欧美漫画创作技法——大魔法师	[美]克里斯·哈特
欧美漫画创作技法——动作设计	[美]克里斯·哈特
欧美漫画创作技法——角色设计	[美]克里斯·哈特
漫画创作技巧	北京电影学院 聂　峻
动漫游产业经济管理	北京电影学院 卢　斌
游戏制作人生存手册	[英]丹·爱尔兰
游戏概论	北京工商大学 卢　虹
游戏角色设计	北京工商大学 卢　虹
多媒体的声音设计	[美]约瑟夫·塞西莉亚
Maya 3D 图形与动画设计	[美]亚当·沃特金斯
乐高组建和ROBOLAB软件在工程学中的应用	[美]艾里克·王　[美]伯纳德·卡特
3D游戏设计大全	[美]肯尼斯·C·芬尼
3D 游戏画面纹理——运用Photoshop创作专业游戏画面	[英]卢克·赫恩
游戏角色设计升级版	[英]凯瑟琳·伊斯比斯特
Maya游戏设计——运用Maya和Mudbox进行游戏建模和材质设计	[英]迈克尔·英格拉夏
2011中国动画企业发展报告	中国动画协会、北京大学文化产业研究院
卡通形象创作与产业运营	北京大学 邓丽丽

如需订购或投稿，请您填写以下信息，并按下方地址与我们联系。

联系人		联系地址	
学　校		电　话	
专　业		邮　箱	

★地　　址：北京市海淀区中关村南大街16号中国科学技术出版社
★邮政编码：100081　　　　★电　话：（010）62103145
★邮　　箱：bonnie_deng@163.com　　milipeach@126.com

影视动画表演

Illustrator动画设计

Maya-Q版动画设计

动画制作流程实例

游戏制作人生存手册

Photoshop全掌握

Flash 动画入门

动画设计师手册

2D与3D人物情感动画制作

3D游戏设计大全
（第二版）

Flash 动画制作

Maya游戏设计
——Maya和Mudbox建模与贴图技术

定格动画技巧

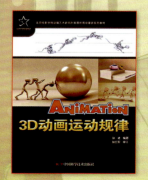

3D动画运动规律

交互式漫游动画
——Virtools+3ds Max虚拟技术整合